OM BERTO
Die Göttin
© OM BERTO 2025
1. Auflage
Spittal an der Drau, Austria
Titelbild: BoD, Grafik von Matty Green,
„Persephone", MythologyArt, pixabay
Verlag: BoD · Books on Demand GmbH,
Überseering 33, 22297 Hamburg,
bod@bod.de
Druck: Libri Plureos GmbH,
Friedensallee 273, 22763 Hamburg

ISBN: 978-3-8192-1153-9

Jenseits von Gott und Göttin
öffnet sich
die letzte Tür,
die mir und dir noch bliebe.
Dort bist Du,
die höchste Form:
Die reinste Liebe*.

Mit * bezeichnete Namen oder Begriffe werden in einem Glossar am
Ende des Buches erläutert.

Inhalt

Teil 1

wie es begann

Walburgisnacht

Teil 2

was folgte

Schlussakkord
Meine Hand in deiner Hand
Du
Lass mich dir das Leben schenken
Mit dir sein I
Mit dir sein II

Teil 3

wohin es führte

Jenseits von Gott und Göttin...
Wonach ich mich sehne

Teil 1

wie es begann

„Wenn Du diese Zeilen liest, werde ich schon wieder nach Athen, in meine Heimat, zurückgekehrt sein. Ich kann nicht bei Dir bleiben. Meine Familie, meine Heimat, sie braucht mich. Aber das ist nicht der einzige Grund. Ich will dir nichts verschweigen.

Du bist ein interessanter und netter Mann, aber ich konnte in der Zeit mit Dir einfach keine Liebe zu Dir entfachen. Du bist ein Buchhalter, gehst regelmäßig deiner Arbeit nach, versteckst dich hinter Zahlen und Rechnungen. Du wirkst auf mich, wie in einem Korsett eingesperrt! Deine Arbeit hat Dich mehr geformt als es Dir bewusst ist. Es tut mir leid, ich werde Deinen steifen und traurigen Blick in Erinnerung behalten, aber verzeih mir... nein, ich bin dir kein Mitleid schuldig, nein, Du musst Deinen Weg gehen und ich meinen! Mein Weg führt mich zurück in die von mir geliebte Stadt Athen, die „Veilchengekrönte" heißt sie, wegen der violetten Sonnenuntergänge über der Akropolis, ich kann sie niemals vergessen. Die kargen honigfarbenen Felsen, das blaue Meer, eine einzigartige Welt voll von Geschichten und Mythen. Ich denke immer wieder an mein Land und die Menschen dort. Auch wenn jetzt bei uns vieles in Aufruhr und in Bewegung ist. Meine Familie braucht mich jetzt. Leb wohl, Du hast mir selbstlos geholfen, ich habe es Dir gedankt! Vergiss mich so wie ich Dich vergessen werde. Dein Herz war genauso verkrampft wie das Hecheln der Flamme, die sich in mir an Deiner Seite niemals entfachen wollte. Leb wohl, Du bleibst ein Buchhalter der Liebe! Suche weiter nach deiner weißen Göttin*! Zum Abschied schenke ich Dir diesen Mistelzweig, er wird Dich vielleicht dorthin führen, wohin Du niemals gewagt hast zu gelangen!" - Das waren die Zeilen, die mir Marina S. , ein griechisches Mädchen aus Athen in einen Briefumschlag gehüllt, zusammen mit einem Mistelzweig an der Schwelle meiner Wohnung zurück ließ. Ich begegnete ihr vor drei Jahren in Athen, im Urlaub. Zufällig verschlug es sie in unsere Stadt, ohne Geld und Hoffnung stand sie vor mir. Ich nahm sie mit, drei Wochen lebte sie bei mir, ich schätzte ihren Duft und ihre unbeschwerte Fröhlichkeit. Aber auch ich spürte, dass sie irgendetwas zurück nach Hause zog. Ihre Worte klangen wie Heimweh! Aber es war wohl auch eine andere Liebe, die sie zurück nach Hause zog.

Ich nahm den Mistelzweig und wandelte schweigsam und nachdenklich in meine geliebten Auen. Dort befand sich ein riesiger Eichenbaum, den ich besonders liebte. Ich setzte mich in seinen Schatten und dachte an Marina, an ihre Worte und auch an ihre Vorwürfe. Auch ich schätzte sie, aber in Sachen Liebe zu Ihr stand ich mir wohl selbst im Wege. Sie hatte recht, mein Herz war unter dem Dasein als Buchhalter, unter den vielen Zahlen und Rechnungen, hohl und leer geblieben.

Ich blickte hinauf in die mächtige Krone dieses uralten Baumes. Die Erinnerungen flogen an meinem inneren Auge vorbei, ich dachte an meine Kindheit und daran, dass ich als Jugendlicher Gedichte schrieb. Ich blickte hinauf in das Geäst des Baumes, suchte nach dem Licht, das durch die dichte Baumkrone blinzelte, ich dachte an Marina, an ihre Gedanken... aus all dem entstand ein Gedicht, seit langem wieder.

Die Liebe lebt weiter im Eichenbaum

Was im Wind der Zeit
verflog,
wie welkes Laub
die Zeit
im Wind zerstob.
Dich,
die von Gott Erwählte,
verknüpfte
das Schicksal
an jenem Tag mit mir;
„Dreimal
lieb mich!",
rief der Weidengeist
zu ihr;
die Liebe wird zur Tat,
die Tat zur Liebe;
die Birkenblätter welken,
wenn alles doch in mir verbliebe!
Der Dichter wird geboren,
er lebt von seinem Wort,
er weiß,
sein Leben ist verloren.
Die Welt der Leute
nagt seiner Seele an,
er wird zur leichten Beute,
weil *mann*

mit Dichterworten
nicht gut kämpfen kann.
Du,
die von Gott Erwählte,
trägst den Jahresring
mit Zuversicht.
Ich,
den die Göttin trägt,
weiß nicht,
wohin mich
des Ozeans Welle schlägt.
Am Ende steht
der Göttin Sohn
und seine Götterdamen,
drei.
Sein Werk verlischt!
Vorbei!
Der Jahresring
du spürst ihn kaum

Die Liebe,
sie lebt weiter
dort
im Eichenbaum.

In meiner Verstörtheit folgte ich dem Lockruf der Mistel.
Ich verirrte mich im Mythos des Waldes und fand zu
meinem Eichenhain. Am Fuße jener mächtigen alten

Eiche entstand seit Jahrzehnten lyrischer Untätigkeit dieses Gedicht. Ich nahm einige Eichenblätter in meine Hände und merkte, dass irgendetwas in mir vor sich ging, eine Veränderung, die mir Angst machte. Der Abschiedsbrief von Marina drückte mir sogar ein paar Tränen in die Augen. Diese Tränen erinnerten mich an den Tau, der sich über die Blätter und Gräser zieht...wie meine Erinnerungen an Marina sich über mein Inneres legten und meine verdorrte, trockene Seele aufzuweichen begannen.

Tage vergingen, das Erwachen eines inneren Werdens, wurde stärker und stärker. Was kam da auf mich zu? Was brach da hervor, was löste der Abschied, ja der Verlust von Marina in mir aus? Er stieß mich eigentlich nur an meine eigene Unfähigkeit zu trauern und zu lieben. Letztlich mündete er in eine innere Explosion. Eine neue, nie gekannte Persönlichkeit trat aus meiner Gefühlswelt hervor. Wie in einer Ekstase verfiel ich in eine seltsame Obsession. Es begann damit, dass ich mir einen neuen Namen gab: Frederik Amadeé - der Friedensreiche, der die Göttin liebt - das bin ich? Derselbe war in mir erwacht.

Ich führte weiterhin ein ganz gewöhnliches Leben. Ich ging meinem Brotberuf als Buchhalter nach, um leben zu können, ich erfüllte meine alltägliche Pflicht, wie Millionen von Menschen, so wie du auch. Ich war in irdischen Maßstäben gemessen, bedeutungslos, bis auf einen Punkt, den nach meinem Ermessen jeder Mensch in sich trägt. Es ist das der Punkt, an dem wir unsere wahre Bestimmung erkennen und diese zu leben beginnen. Dass Marina aufstand und ging, dorthin wohin sie sich gerufen fühlte, das beeindruckte mich sehr. Sie erkannte, dass ich unter meinem Buchhalterdasein litt. Ich entwickelte allmählich wieder meine innere Welt als ein Mensch, der im tiefsten Abgrund seiner Seele eine Quelle der Imagination entdeckte, die mich nicht mehr los ließ, die mich durchströmte und in mir ein Tor zu einer Welt aufriss, welche die äußere Welt als schriftstellerische Tätigkeit bezeichnen würde. Die Gedichte, die ich in weiterer Folge schuf, lassen dieses innere Werden verfolgen, aber alles was ich tat und schrieb, wurde getrieben von einem einzigen Erlebnis, einer einzigen Wahrheit, die von keinem Geringeren als Robert von Ranke-Graves in mir angelegt wurde, unbewusst, ohne dass ich es merkte. Aber zum Ausbruch brachte es Marina. Nachdem sie mich verlassen hatte, hatte ich seit langem wieder Zeit für mich selbst. Ich meditierte und kam zu einem Gedanken, der mich schon immer faszinierte. Die geheimnisvolle und umstrittene Begegnung mit der „weißen Göttin", die Ranke-Graves in seinem Buch „The Withe Goddess" als eine universale Gottheit beschrieb, als einen Art Archetyp, als eine Göttin, der jeder wahre Dichter sich unterwirft, seinen Tribut zahlt und sie verehrt bis zur zerstörerischen Selbstaufgabe in seinem Werk. Sie erfasste auch mich und ich begann zu schreiben, für sie allein, um eines Tages würdig zu sein für ihr Erscheinen, für ihre Zuneigung!

Es war im Jahr 1944, in dem Dorf Galmpton in Devonshire in Südengland. Da erlebte der britische Schriftsteller und Dichter Robert Ranke-Graves, eine „überwältigende Obsession", welche er selbst als „den Kuss der Muse" – oder den „Kuss der Göttin" bezeichnete. Ich las dieses Buch mehrmals. Allmählich begriff ich, was Ranke-Graves meinte, als er von der „wahren Dichtung" und von den Wirkprinzipien poetischer Magie sprach. Die Göttin ist wandelbar, sie tritt auf als die weiße Göttin, sie verkörpert in dieser Erscheinungsform die Unschuld, die Reinheit, vielleicht auch ihre kühle Distanz und ihre Klugheit. Ich kann ihr Gesicht und ihre Gestalt nicht beschreiben, denn sie und ihr Gesicht ist wandelbar. Wenn du das Gefühl hast, ein Wesen ist schön und du empfindet es, dann ist es sie, die weiße Göttin. Suchst du nach ihren Brüsten, offenbart sie dir die Verlockungen ihrer Scham, hinter der sich ihre Wollust verbirgt. Sie erscheint dir in reizvoller Abendröte, in flammendem Morgenrot, in rostroter Verblendung und zwingt dich ihrem Bann zu folgen. Niemals wirst du wissen, ob dich ihre Liebe verzehrt und tötet oder ob du ihre Strahlkraft verinnerlichst und zu neuem Leben reifst. Du wirst trunken und benommen in einen Abgrund taumeln, von dort wirst du mit Freude und Wonne erwachen, wie aus einem Traum, getragen von erotischer Fülle und du wirst sie niemals vergessen. So wie der Mond sie erhellt, so macht die dunkle Nacht sie zu einer schwarzen Frau, ihr Gesicht ist bleich wie der Mond, ihre Hände zart, langgestreckt und kreideweiß, ihr Kleid ein wallendes Brautkleid und wandelbar in einen schwarzen Schauder, der wie eine dunkle Macht Angst einflößt und dir die Kehle zuschnürt. Du blickst in ihr Gesicht, ihr Lächeln erscheint dir als Aufforderung deinen Körper zu entblößen und einzutauchen in das Meer ihrer Verführungskunst, für immer und ewig. Ihr süßes verführerisches Lächeln folgt dir bis du eins bist mit dem Wasser, dem Tau, der Luft und der Erde.

So ist sie und wenn du ihr begegnest, wirst du ihren Hauch spüren, aber nie wirst du sie wirklich erkennen können. Doch wenn sie dich liebt, und du bist ein Mann voll von Poesie, ein Mann mit einem „lyrischen Ich" - so wie ich - ich sage es dir - sie wird dir ein williges Mädchen auf dein Lager schicken, durch dieses Mädchen darfst du sie lieben. Ihre Liebe, ihre Lust, ihr Verlangen, ihr Eros und ihre Hingabe, sie wird in deiner Brust ein mächtiges und unstillbares Feuer entzünden. Dieses Feuer wird in deinen Werken sich in Worte und Bilder verwandeln, die in der Lage sind, einen Funken von einem Herz zu einem anderen springen zu lassen.

Auf diese Weise entwickelte mein Herz eine unstillbare Sehnsucht nach ihr und ihren Zeichen. Ich wusste, ich war nicht würdig genug, dass sie mir erscheinen möge. Geschweige denn, dass ich ihren Atem auf meiner Haut spüren und ihr Wort in meinem Ohr empfinden durfte. Eine innere Stimme aber sagte mir: „Mache dich auf den Weg! Willst du sie kennenlernen, musst du als Erstes ihre Sprache lernen!"

So kam es. Ich verliebte mich in meinem Traum in das Bild der „weißen Göttin" und ich wusste, es war kein Hirngespinst, ich wusste, sie ist die Antwort auf das Rätsel meines Lebens.

Indirekt hatte mir Marina geholfen, sie hatte mir die Wahrheit gesagt und die Wahrheit, sie tut immer weh. Wenn es nicht weh tut, dann war es keine Wahrheit. Ich betrachtete den Mistelzweig, den sie mir zurückließ und ich schrieb:

„Ich fürchte die Nähe,
ich fürchte die Ferne,
dazwischen
dazwischen
verweil' ich gerne."

Die Mistel ist eine alte Druidenpflanze. Sie hat Zauberkraft und ist geheimnisvoll wie unser Leben selbst. Ich folgte dem Ruf dieser Pflanze, die auch den Nimbus eines Zwischenwesens hat, denn ich wollte unbedingt die Sprache jener Göttin erlernen, die alle „wahren" Dichter verehren. Robert Ranke-Graves sagt von ihr: „Ich kenne keinen Dichter, von Homer bis heute, der nicht unabhängig sein Erleben mit ihr berichtete."

Dichtung

Birke oder Eiche
im Nebeldicht Gesang
es ist nicht das Lied,
das ins Licht der Lichter drang.

Dunkle Nacht,
ein dumpfer Schrei
vom Eulenschlag gebracht
im Nebeldicht vorbei.

Weide, Hasel, Birke
die Göttin lacht
wirke, wirke
es ist vollbracht.

Ja, ich musste dich suchen, dich, die „weiße Göttin". Irgendetwas in mir verlangte nach Poesie. Es begann nun als eine Reise zu den intuitiven Kräften in mir. Ich verdichtete auf diese Weise das, was ich auf dem Weg zur „Göttin" in mir erlebte. In einer hoch technisierten Welt mit einem Übermaß an systematischer Logik wuchs in mir die Sehnsucht nach dem Erleben der natürlichen Rhythmen in der Natur. In all dem glaubte ich, die Natur lässt mich zu dem werden, was ich wirklich bin. So ist die Anrufung einer Göttin, wie es das Gedicht „Dichtung" zum Ausdruck bringen will, nicht als heidnisches Gehabe, als Ketzerei oder Abwendung von einem religiösen Glauben zu deuten. Im Gegenteil, ich denke, es ist der Dichtung vorbehalten das Wesen der Natur in magischen Worten, mit der erschaffenden Kraft der Poesie ausdrücken zu dürfen. Ich folgte damit nur der Idee, wonach jeder Dichter eine göttliche Muse anbetet. Für Goethe war es das „ewig Weibliche", das uns „hinan zieht", das Reich der Mütter, das Reich der Fantasie, in dem aus Dichtung Wahrheit wird.

Die folgenden drei Gedichte richtete ich an die Mondgöttin, an die Dea Trivia, die Dreigestaltige, in der Sehnsucht sie irgendwo da draußen in der Natur zu finden.

An die Göttin I

Edle Göttin
ich bin dein
quäl' mich nicht
mit solcher Pein
ich küsse deine Lippen rot
dein bleich' Gesicht
ist wie der Tod
erlöse mich
von meiner Qual
ich liebe dich

dein Blick
er ist so klug und fahl
fang an mich zu erlösen
von all dem Bösen

Ihr Gesicht ist ein Spiegel. Es ist schön, aber kühl. Indem ich mich an das „ewig Weibliche" in Ihr, der Göttin, annäherte, befreite ich mich von der katholisch geprägten Weltenteilung in „Gut" und „Böse". Zu einfach ist eine solche Sichtweise. Nicht schwarzweiß ist die Welt. Sie spiegelt ihre Wahrheit mit den Farben des Regenbogens.

An die Göttin II

Der Tau
liegt wie Perlenschmuck
über dem Gras.
Der Farn
trägt weißen Garn.
Die Luft ist kühl,
der Tau ist wie ein Spiel.
Die Göttin
zeigt hier ihre Spur
auf taubenetzten Wegen nur;
Liebe ist mein Sehnen,
der Tau - gehört zu ihr,
sind ihre Tränen.

Erst als ich die Natur als Spiegel meiner Seele entdeckte und anfing mich in wahrer Poesie auszudrücken, verstand ich was Ranke-Graves meinte, als er schrieb: „Die Wahrheitsprobe auf die Vision eines Dichters, so könnte man sagen, ist die Wahrhaftigkeit seines Bildes von der Weißen Göttin und der Insel, über die sie herrscht."

An die Göttin III

Das Sonnenlicht
bestrahlt dich,
den Mond.
Du spiegelst dein Licht,
du hast mich reich belohnt.
Dein Atemhauch
erweckt mein Sonnenherz.
Deine Anmut
entflammt mir Liebesschmerz.
Es ist mein Verlangen,
das Dir am Herzen liegt.
Du sagst:
„Trink mich,
ich nähr dich."
Ich sag:
„Gib,
dass meine Quelle
niemals versiegt."

Wenn mein Weg noch so von vernünftigen Gedanken beherrscht wurde, ich fühlte: All meine Inspiration kommt von Ihr, der „Mondmuse", ob ich es wollte oder nicht. Das geheime Wissen der keltischen Druiden bleibt unbekannt, es wird in den modernen Druidenorden neu erfunden. Was wir heute von den Kelten wissen, lässt sich ausschließlich aus römischen und griechischen Quellen erschließen. Aber genau darin liegt für mich die Faszination: Der Übergang von einer Kultur der Natur zu einer Kultur des Geistes. Ob es Kelten und Römer waren oder Heiden und Christen. Die einen drückten ihren Logos dem Mythos der anderen auf. Dennoch lebt das eine im anderen weiter. Jenes Ursprüngliche, Archaische, Mystisch-Seelische wieder zu finden, das wollte ich, nicht mehr, nicht weniger.

Das heutige Wissen über die Kelten ist wie eine Tür ins Reich der Dichtung und der Fantasie. Daher sind es gerade die „Dichter", die Lyriker, die das Recht und vielleicht sogar die Pflicht haben, dieses Wissen neu zu entdecken und in ihren Versen weiter zu reichen, frei von jeglichen Zwängen und religiösen Dogmen.

An die Eberesche

Deine Beeren sind rot
wie der Liebenden Lippen.
Deine Blüten sind weiß
wie vom Meer umspülte Klippen.
Der Reinheit getünchter Kleider;
auf dein Geheiß.
Dein gefiedertes Blatt,
zart und weich,
ein Meer grün wellender Wogen.
Mutterbaum,
schützender.
Die Geliebte - sie hat mich betrogen.
Du hingegen
gibst mir schützende Ruh.
Mein Herz öffnet sich dir,
mein innigstes Sehnen
verfängt sich in deinem Laub.
Das Lärmen der Welt
umfängt
dein im Winde sich wiegendes Grün
und macht mich taub,
lässt eine Blütendolde
von Dir
in meiner Brust erblühen.
Diese Blüte in mir
gibt mir Kraft,

mein Seufzer ist entschwunden.

Du und ich,

Baum und Mensch,

inniglich verbunden,

verheilend jene Wunden,

die mein Seufzer war.

So seh ich

durch deine Zweige wieder klar

mein künftiges Leben,

wie es sein wird,

wie es war.

Ich nenn' dich beim Namen,

du bist ein Herz mit einem Speer:

nennst dich Eberesch' und Vogelbeer'.

Die einen halten die Eberesche (auch Vogelbeere genannt) für einen nichtsnutzigen Baum. Die Früchte sind ihnen zu bitter. Ich liebe das Weiß ihrer Blütendolden und das Rot der Beeren. Ihr Anblick macht mich fröhlich, sie ist ein wirklich ästhetisch anmutender Baum im grauen Alltag. Voll Lebens- und Wandlungskraft. Storl schreibt: "Dass die Druiden mit der Eberesche allerlei Zaubereien anstellten ist bekannt. Für sie verkörperte der Baum das siegreiche Lebensprinzip. Er ist der Baum der Erweckung."

Nebeldicht und Dunst

Die laubbegrünten Hügel
saftig, sanft und weich,
die laubgekrönten Bäume
vom Nebeldunst umspielt,
kräftig grünend – kräftig reich.
Die Kraft der Natur
strömt durch alle Lebensporen.
Ich Mensch, du sprießende Natur.
Wir – hierfür auserkoren,
zu fühlen
das Werden und die Kraft,
die uns erfüllt.
Ungebändigt strömend der Lebenssaft.
Der laue Regen trieft in alle Poren.
Strotzend stark
und kräftig lohnend,
das Laub, das Blatt,
das hoffnungsfrohe Grün der Wiesen.
Wir, hier wohnend,
von deinem Wohlwoll'n gepriesen;
deine Dunst- und Nebelschwaden
durchziehen das Dicht der Wälder,
Schwänen gleich.
Das dampfend qualmende Liebkosen
deines Atems klingt wie ein Tosen.
Weiße Göttin,

in deinen Gespinsten
träum' ich immerzu
und ging mein Weg hier auch zu Ende.
Das grüne Triefen, das weiße Wallen,
ich streckte dir entgegen meine Hände.
Mein Lieben und mein Sehnen
ließ träumend mich
in deine Arme fallen.
Ein Kuss – er sticht.
Der Tau, er nimmt mein Licht.
Der Nebel trägt sanft meine Glieder.
Du hörst mein Seufzen und mein Sehnen
in den grünen Zweigen,
immer wieder,
immer wieder.

Liebe und Tod sind die Metaphern, mit denen die Poeten spielen. Ranke-Graves beschreibt die „weiße Göttin" als liebliche schlanke Frau mit todbleichem Gesicht und elsbeerroten Lippen. Sie besitzt eine Verwandlungsfähigkeit, die es sogar dem Auserkorenen unmöglich macht, ihr „wahres Gesicht" zu erkennen. *„Alles, was mich an sie erinnert, durchbohrt mich wie ein Speer"*, so schrieb Robert Ranke-Graves über sie.

An die blaue Fee

Durch den moosbedeckten Grund,
barfuß watend,
stahl ich mich durchs
saftig triefende Dickicht.
Voran liefst du, mein treuer Hund.
Den Weg bahnend zum Licht.
Ich fürcht' mich nicht.
Mit den Händen bog ich die Zweige weg
und sah hinüber
zu jener Insel
wundersam bedeckt von Erlen und Weiden,
verzaubert von Freuden und Leiden.
Das weiße Pferd,
Epona gleich,
das schwarze, an Morrigan
ermahnend;
die vom Wind zerzauste Mähne,
schnaubend, weiße Zähne.
Wo bin ich hier?
Das Lichterspiel
im Wellenkräusel,
im Wasserstrom,
Pflanzenkathedrale,
baumgebauter Dom,
du zauberst tausend tanzende Lichterwesen,
den Elfen gleich,

in den Abendhimmel.
Wo bin ich hier?
Im Feenreich?
Ermüdet sink ich nieder,
in den Humus, in die Erde.
Meine matten Glieder
nehmen auf des Waldes Kraft.
Ich spür' das warme Wohlwollen,
das aus dem Boden steigt
und mir die Liebe
von Mutter Erde zeigt.
Da lieg ich hier,
nicht eingeengt,
befreit,
das Herz so weit,
jenseits aller Zeit!
Ein weißer Schleier.
Ich fühl dich seitlich neben mir,
du fliegst durchs Dickicht
wie zu einer Feier,
du berührst mich
mit deinem Atem, sanft und fein.
Ich fühle dich, ohne dass ich dich seh'.
Du bist's, bist meine blaue Fee.
Bist da bei mir.
Dein Atem, wie frischer Tau,
netzt meine Augen,
ach du liebevolle Frau.

Du machst mich sehend
in der Stille,
ach wie ergreifend,
es geschieht dein Wille.
Ich lass es zu,
dein Zauber gibt mir Mut.
Du bist zu mir so gut!
Dein Haar, so blond
und weich,
den Engelslocken gleich.
Deine Haut
wie Elfenbein,
deine Anmut
sie tut mir gut.
Ich danke dir
für deine unsichtbare
Sichtbarkeit.
Für deinen Zauber,
für deine Kunde
aus jener fernen Welt,
aus fremden Munde.
Ich liebe dich,
geliebte blaue Fee.
Du gleichst dem Schmetterling,
den ich im Abendwinde
flatternd schweben seh'.
Nimm mich,
nimm mich an,

nimm mich hin.
Ich schwebe
wie ein Tropfen Tau
von einem Rosenblatt
zum Regenbogen.
Nimm mich mit
in dein Haus.
Du und ich,
dein roter Mund,
er trinkt mich aus.

Der italienische Dichter Carlo Collodi erfand sie: Die blaue Fee! Sie verhilft Pinocchio immer wieder zum Besseren. Sie entspricht dem Geist einer liebevollen und nachsichtigen Mutter, die den hölzernen Jungen in seiner Fantasie beim Erwachsenwerden begleitet. Am Ende der Geschichte wird aus der hölzernen Puppe ein richtiger Junge. Märchen, Sagen und Legenden sind die Weisheitsschätze der lebenserfahrenen Alten gewesen. Der Text „An die blaue Fee" möchte an die Reise in diese „Anderswelt" erinnern. „Sie[Märchen] sind Wegweiser für Reisen in die Anderswelt, an der auch wir – im Rausch, in der Verliebtheit, im Traum, in Krankheit, im Tod – teilhaben. Sie sind Nahrung für die Seele, Nahrung für das ewige, göttliche Kind in uns."(Storl)

Cernnunos*

Die dunkle Nacht
zwischen Weiden und Erlen
zwischen Moosen und Farn
hat mich zu dir gebracht.
Da steh ich nun
auf einer Lichtung wundersam.
Der verdorrte Holunder,
er steht da
wie ein Altar
im Reich der Göttin.
Weiden, Farn, Lianen
vom wilden Wein bekränzt;
ein Sehnen, Seufzen, Ahnen.
Dort hinten stehst du,
gehörnter Weidenbaum.
Dein Anblick macht mich bang,
dein Stamm so schwarz
und oben sich verzweigend
wie ein Hirschgeweih sich zeigend
und rings um dich herum
das mystische Grün
von Blatt und Kronen.
Die Göttin, sie ist dir nicht untertan.
Ebenbürtig streift sie dich an.
Gott und Göttin
tanzen

im Rhythmus und Klang
der Äste und Zweige,
es ist der hohle Ruf,
der Geist der Natur,
der euch schuf.
Tanzt weiter,
ich stör euch nicht.
Ihr zeigt mir euer Gesicht,
euer Antlitz
und Geschmeide,
ob Mond,
ob Sonnenstrahl,
enthüllt euch nun
von eurem Kleide,
in sternenklarer Nacht.
Ich hör' euch, wie ihr lacht.
Eure Seelen tanzen
einen Reigen,
wie Verwunsch' ne
wollt ihr euch zeigen.
Ich fühl' eure Kraft.
Ich fühl' euer Werden.
Cernunn'
und die Göttin, die weiße.
Der Nebel hüllt euch ein
und ich
entschwinde leise,
lass euch mit euch allein.

Die Idylle eines naturbelassenen Weiden- und Erlen-
waldes nahe dem Wasser mit einer Lichtung inmitten
erstaunte mich. Die Lichtung erschien mir wie der Ort,
an dem eine Göttin lebt, aber ein mächtiger Weidenbaum
mit seiner dichotomen Verzweigung erschreckte mich.
Ich sah in seiner Erscheinung Cernunnos, den Geweih
tragenden Hirschgott.

Holunder

Geheimnisvoll bist du
in deinem Zauber.
Blütenweiß wie Schnee
sind deine Zweige.
Neigen sich zu jenem See,
der tief in mir
ein Geheimnis trägt.
Deine Rinde
ist wie ein Gebinde,
des Lebens Furchen
schrieben sich in dein Geäst.
Dein heilender Saft
aus den Früchten, dunkelblau,
gibt meinem Köper Kraft
stärkt dich,
Mädchen, Frau.
Sodass der Gott Eros erwacht
und dich necket Tag und Nacht.

Die Liebe, die mich quälte,
gibt dich mir, Auserwählte.
Horch, Holunder!
Mein Geheimnis ist das Deine.
Es strahlt in Glanz und Güte,
die Holunderblüte
rein und üppig weiß.
Im Windhauch flieht sie davon,
im Traume seh' ich sie noch
und steh vorm offn'en Tor nach Avalon*,
wo es nach Holunderblüten roch.

Der Holunderbaum ist ein uraltes Symbol für die Verbindung von Himmel und Erde, für Leben und Tod. Viele kennen was wir fühlen, wenn wir im Schatten eines Baumes Energie tanken. Unter jedem Baum fühlt man in Nuancen anders. Nach der mächtigen Eiche, fand ich fünf Bäume, die für mich einen sogenannten „Weisenrat" bildeten: Die Eberesche, den Weißdorn, den Holunder, die Weide und die Haselnuss. Alle sind wild wachsende, sehr häufig vorkommende und anspruchslose Bäume bzw. Sträucher. Kein Wunder, dass sie bereits von den Kelten verehrt wurden, sie besitzen bis auf die Haselnuss nachweislich Heilkräfte.

Der Regenbogen kann ja heute physikalisch damit erklärt werden, dass sich das Licht beim Auftreffen auf die Wassertropfen in der Luft in die Spektralfarben auffächert. Dennoch ist sein Erscheinen auf unserer Netzhaut ein Wunder. In der Bibel begründet der Regenbogen das neue Bündnis zwischen Gott und Mensch. Nachdem Noah nach der Sintflut einen neuen Menschen auf der Erde begründete. Gott sprach zu ihm: „Das ist das Zeichen des Bundes, den ich zwischen mir und allen Wesen aus Fleisch auf der Erde geschlossen habe."

Doppelter Regenbogen

Sonnenwind
treibt das Wolkenkind.
Sonnenstrahl
in großer Zahl,
drückt dunkle Wolkentrauer
und mit Sonnenkraft
getränkte Regenschauer
auf mich nieder.
Sanft und zart,
der Dunst, mich netzend.
Der Regen rührt mich,
tropft auf meine Haut.

Ich atme, fühle.
atme Wärme,
fühle Kühle.
Die Kraft der Sonne
treibt im Laufen
zauberhafte Landschaftsbilder
vor mir her.
Wolkenschwaden,
Sonnenglut,
Regendunst,
Nebelzauber.

Mein Gott, wie gut das tut.
Es reist vor meinen Augen
ein Regenbogen
mir ins Herz,
die schönsten Freudenfarben
erd- und himmelwärts.

Und siehe da,
der zweite Regenbogen,
einem bunten Schatten gleich.
Du und ich,
mein Tor ins Zauberreich,
ins Reich der Anderswelt.
Ich hörte dich lüstern
mir Gedanken flüstern:

„Du willst ein Mensch sein?
Nimm den Regenbogen,
seinen bunten Schatten,
sie sind dein."
Wasserdunst vor dir,
die Sonne im Rücken.

Was hier auf deiner Netzhaut entsteht,
ist das Wirkungsvolle,
das vom Himmel weht,
und tief in dir
beginnt ein zärtliches Beglücken.

Der Regenbogen
spiegelt deine Seele
in dein Herz hinein.
Erkenne ohne Sehnen,
du lebst im Augenblick!

Er ist dein!

Niemand vermag ihn dir zu nehmen.

Den Kelten schreibt man die Zeit von Walburgisnacht (30. April) bis zu Maria Himmelfahrt (das alte römische Dianafest, 13. bzw. 15. August) der Herrschaft des Sonnengottes Belenos und der Blumengöttin Belisama zu. Zwischen diesen beiden Mondfesten liegt die Sommersonnenwende, ein Fest der Sonne. Am 21. Juni, manchmal am 22. Juni eines Jahres erreicht die Sonne ihren Höchststand. Der längste Tag, die kürzeste Nacht. Eine besondere Stimmung erfüllte mich, denn an diesem Tag, an dem ich den oben angeführten Text schrieb, war auch Vollmond.

Alles hat seine Zeit: Der Rhythmus der Gestirne, die höheren Rhythmen des Kosmos, die ein ganzes Menschenleben umfassen und das Leben ganzer Völker bestimmen. In einem Zeitraum vom Aufflackern bis zum Verschwinden von Sonnen und Planeten ergibt sich das Bild für den ewigen Wandel.

Der Rhythmus der Jahreszeiten, bestimmt durch die Bewegung von Sonne und Erde, bilden das Jahr. Der Rhythmus des Mondes ist der Rhythmus eines Monats. Er moduliert das Wesen eines Monatszyklus, das Wesen der Nächte, den Zyklus der Frau und in Abhängigkeit davon den Rhythmus des Mannes. Der Rhythmus von Tag und Nacht wird bestimmt durch die Drehung der Erde im Licht der Sonne, die uns den Tag schenkt. Der Rhythmus des Wetters zeigt die Stimmung des Tages mit

Regen, Sonnenschein, Wärme, Kälte... Der Rhythmus von Hunger, Durst, Stoffwechsel als Maß für unsere Stunden als Mensch. Der Rhythmus von Alleinsein und Zusammensein, von Tun und Ruhen. Der Rhythmus der Liebe als Sehnsucht und Erfüllung bis zum Empfinden und Finden des Rhythmus des Augenblicks, das ist der Rhythmus von Ein- und Ausatmen. Der Wandel der Natur bestimmt nach wie vor unsere Leben, unsere selbst geschaffene Welt hat den Großteil der Vorgaben, die uns die Natur macht, ausgeschaltet. Daher fühlen wir uns auch so schlecht im Korsett der modernen Welt. Eines Tages werden wir uns wieder von dem Rhythmus der Natur bestimmen lassen.

Die Göttin Belisama, die Blumengöttin und der Sonnengott Belenos blicken sich an, am Firmament. Sie träumen davon eins zu werden. Am Himmel ist für uns die Sonne die Quelle, aus der alles kommt, auch was hier auf Erden lebt. So sprießt das Leben aus der Liebe zwischen Mutter Erde und der wohlwollenden Kraft der Sonne aus dem Wandel der vier sichtbaren elementaren Kräfte, Feuer, Erde, Luft und Wasser. Das Wasser ist das heiligste, denn es ist der wandelbare Stoff des Lebens.

Sommersonnenwende (21. Juni)

Tage nach dem vollen Mond,
der Himmel klar,
die Sommersonnenwende
ließ das Feuer in dir
flackern,
deine Augen,
deine Lippen,
deine Hände,
dein Haar,
vom Feuer der Nacht
zum Prickeln gebracht.

Die Mondin stand
trunken am Horizont.
Der Sonnengott
Belenos*, er thront.
Sein Ruf erklang in dir,
sein strahlender Kranz
hüllt sein Haupt in Glanz
und in Siegerpose.
Belisama*, die Göttin,
die Große,
lag in seinen Armen.
Ihr Füllhorn
ergießt den vollen Blütenzauber
über Wald und Flur.

Hab' Erbarmen,
du edler Gott.
Die Sonnenkraft
gibt meinen Blüten Saft.
Es sprießt die Erde,
es tanzt der Elfenhain.
Du Nacht der Nächte.
Du Wunder, kehr' ein!
Dein Ruf heißt: Werde!

Die Weidengöttin

Ich saß unter dem Weidenbaum,
dem Ufer nah.
Dein Stamm begrünt von
zartem, weichem Moos
liebkoste meinen wunden Rücken.
Welch' Entzücken,
welche Verzückung!
Wer bist du,
die ich sah?
Und fühlte?
Die mich umfing,
mich im Wasserrauschen umspülte.
Ich lehnte mich bang,
von Moos und Farn umgeben,
an deinem Stamm entlang.

Zerfurchter Weidenbaum,
ich schloss die Augen,
verfiel in einen Traum.
Ich sah dich:
Aus Weidenblättern war dein Haar,
die Stirn wie Elfenbein,
die Lippen grün wie Moos,
das Lächeln wie der Nebeldunst,
so unbestimmt.
Verweg'ne Verführungskunst,
deine Hände, Schilfrohrgeschmeide,
im fahlen Grün der Bäume.
Du zeigst auf mich!
„Komm", sagt dein Blick.
Ich richt' mich auf,
ich weich' zurück.
Ein Kobold tritt mir, oh weh,
grinsend auf den Zeh.
Ich schrecke auf,
verstohlen entgleitet mir dein Blick,
du schwebst dahin,
vielleicht war es mein Glück.

Es war die Weidenfee.
Ob ich sie jemals wiederseh'?

Die Weide begegnete mir mit Palmkätzchen, die den
Frühling bringen, sie erschien wie ein von Lebenskraft

strotzendes Gehölz, das jene Ufer ziert, an denen man die Dichter der Traurigkeit findet. Ihre bittere Rinde schenkte uns die Heilkraft des Aspirins, sodass der Baum nur einer guten Göttin dienen kann.

Weißdorn

In einen Garten,
der einer Wildnis glich,
verwunschen
vielleicht sogar verflucht,
zog mich ein unbekannter Klang,
ein Klang, der mich gesucht,
der mich umschlich,
und nicht und nicht
von meiner Seite wich.

Zu dritt
standet ihr vor mir,
dunkles Geäst.
Die Rinde matt.
Tausendfach
gefingert, lieblich das Blatt.
Dazwischen Dornen, spitz.
Zur zarten Wehr gedacht.
Als wär' eurer Haupt
ein Meer der Süße,
bekränzt von weißer Blütenpracht,

die euer strahlend' Antlitz sei.
Schneeweißchenhaft schön,
so hab' ich euch gesehen.

Euer Antlitz strahlt mich an,
aus dem verworr'nen Garten,
dem verwunsch'nen Märchenwald.
Ihr strahlt mich an,
in Dreigestalt.
Nymphe*, Mutter, alte Weise,
vollendend schlicht die ew'gen Kreise.

Weiße Göttin,
dein Geist lebt in den Weißdornblüten
und jener unbekannte Klang
ist deine Liebe.

Deine Stimme,
sie singt.
Es rauscht,
es klingt
wie jene längst vergess'ne Minne.
Dein Zauber öffnet
mir die Sinne,
öffnet mir mein Herz,
zu Dir,
zur Erd'
und himmelwärts.

Die Weißdornblüten erinnerten mich an das Wesen der „weißen Göttin": Der Wirkstoff aus den Blüten hilft bei Herzleiden, die Dornen bieten Schutz und wehren Unliebsames ab.

Die Hasel

Ihr folgt nach einem alten Brauch,
versteckt euch hier im Haselstrauch,
wartend, was geschieht.
Aus der Erde dringen kleine Männchen,
mit roten Mützen
und dunklen Kännchen.
Sie klettern hoch die Zweige
mit Schnüren und Seilen.
Sie hasten, sie eilen,
tragen hektisch
Werkzeug aller Art.
Dem Zwergenkönig mit roter Mütze
und blauem Bart
wird hier im Schatten,
in der vom Mondlicht
durchfluteten, halbdunklen Nacht,
eine Haselnuss dargebracht.
Ihr folgt nach einem alten Brauch,
dem Wimmeln und lustigen Treiben.
Die Haselnuss,

sie ist der Hasel Gruß
ans Zwergenvolk.
Ins Erdreich tief
an die Haselmaus,
die flugs vorüberlief.
Die Haselnuss,
ein Strauch am Waldesrand,
bringt Euch
verzaubert in ein and'res Land.
Ihr Geist strahlt Ruhe aus,
verkörpert den Genuss.
Macht eure Taschen voll.
Sie ist ein wahrer Freund!
D'rum folget ihr
nach einem alten Brauch,
sie schützet euch
und ihr sie auch.

Die Hasel ist ein Baum der Kindheitserinnerungen und
der Wünschelrutengänger. Er faszinierte mich und seine
Früchte sind wunderbar und machen dich weise.

Diana* – Kräuterweihfest – Mariä Himmelfahrt
(13.-15. August)

Der Rehbock
zu ihren Füßen.
Im Dickicht des Waldes
träumt' ich von ihren Küssen.
Der helle Mondenschein
verklärt sie zur Silberspur,
ihr Lächeln ist ein weißes Glitzern nur.
Diana, die Göttin,
Herrin des Waldes,
auf die ich zähle.
Ihr Herz erhellt
des Menschen Seele.

Ob zu Mariens,
ob zu Dianens
Ehren,
es ist einerlei.
Die weisen Kräuterfrauen
feiern tanzend
ihre Seele frei.
Der Königskerze Blüte
hilft mit Huld und Güte.

Der bittr'e Wermut,
das selt'ne Tausendgüldenkraut

ist Dianens Mitgift,
macht sie zur Königsbraut.
Sie stärkt ihren Willen
mit der Kraft
sonnengereifter Kamillen.

Um der Fruchtbarkeit
und Liebesmühen
nicht zu darben,
bemuttert sie uns
mit den Schafesgarben.

Arnikablüten mondgereift,
gepflückt zur rechten Zeit,
geben ihr die Unverwundbarkeit.

So ernten wir
zu Mariens Kräuterfest
Dianens Zauberkraft,
die im Johanniskraut
zum Lebenselexier sich staut.

So edel
vom Guten zum Besten
vermehren sich
in den vielen Kräuterfesten
die milden Lichter,
die aus Dianens Antlitz scheinen.

Sie bewirken,
dass in unser'n Herzen
sich Sonn' und Mond vereinen.

Der Rehbock
liegt zu meinen Füßen,
ihr Schleier
ziert noch meinen Arm.
Du bist des Meeres
Wellenschlag,
du bist vom Wind erfrischte Luft,
die ich zu atmen wag'.
Du bist der Erde
Wesenskern.
Du bist das Licht
von Sonne, Mond und Stern.
Du bist die Umarmung,
die nach oben strebt,
der Menschen Glanz
und Schönheit,
die im Himmel weiterlebt.
So steigt dein Geist nach oben,
dreigeeinte Göttin,
Diana,
lasst uns sie ewig loben.

Es waren die Kelten, sie belebten die Natur Mitteleuropas, Grün war ihre Farbe...aber im Sommer zog es mich ans Meer, Italien und Griechenland, die Wiege Europas schenkten mir wohl eine der vielfältigsten Mythologien. Marina S., das griechische Mädchen, konnte im mitteleuropäischen Mythos nicht heimisch werden. Ich liebte Marina und sah in ihr die Göttin Diana, die, obwohl nicht keltisch, mir im tiefsten Wesenskern etwas Neues bewirkte. Sie kam mir so nahe, dass ich eines Tages ihren Namen tragen sollte. Sie sagte: „Mythen leben in den Landschaften, in denen sie entstanden, vergiss die Kelten hier am Meer, genauso, wie ich meine Mythen bei Euch vergessen kann.

Königskerze, Wermut, Tausendgüldenkraut, Kamille, Schafgarbe, Arnika, Johanniskraut gehören zu den traditionellen Sonnwendkräutern, die in der Zeit vom 21. Juni, dem Tag der Sommersonnenwende, bis zum 1. Vollmond im August gesammelt und zu Mariä Himmelfahrt, am 15. August, im Rahmen von Kräuterfesten gesegnet wurden. Die Römer feierten in der vorchristlichen Zeit das Fest der Diana am 13. August. Ranke-Graves schreibt: "Die Jungfrau starb angeblich am 13. August, wurde auferweckt und fuhr am dritten Tag in den Himmel auf."

Die Mondgöttin Diana wurde in vorchristlicher Zeit am 13. August mit Festen geehrt. Ihr Bruder war kein Minderer, als der Sonnengott Apollon, der Gott des Lichtes und der Künste. Phillip Moritz schreibt über sie in seiner Götterlehre, auf die sich sogar Goethe berief: „Das Urbild der Diana ist der leuchtende Mond, der kalt und keusch in nächtlicher Stille über die Wälder seinen Glanz ausstreuet." Diese Keuschheit wurde dem Jäger Aktäon zum Verhängnis. Er erblickte die Göttin nackt beim Bade und er wurde als Strafe dafür von ihr in einen Hirsch verwandelt, der von seinen eigenen Hunden zerfleischt wurde. So grausam sie erscheinen mag, die Sterblichen lobten sie, wegen ihrer Wohltätigkeit. So ist ihre edle Keuschheit wohl der Grund, dass viele in der Gottesmutter Maria und in Diana dasselbe Bild der „weißen Göttin" sehen. Diana, keusch und rein, hatte die Kraft alle Mythen in mir zu vereinen, keltisch, römisch, griechisch, sogar christlich, im Bild der Muttergottes... sie wurde für mich zum „weißen Licht", durch das jeder hindurch muss, dem sich das innere Tor zur "wahren Liebe" auftun sollte...

Diana war nicht nur die Mondgöttin, sie beschützte die Mädchen vor den Übergriffen roher Männer, sie war die Hüterin des Waldes und der Tiere des Waldes. Sie benützte ihre Pfeile um all jene zu beschützen, die auf der Suche nach einem reinen Herzen, das Gute in der Welt zur Entfaltung bringen wollten. Für mich wurde sie zur „weißen Göttin" schlechthin. sie ist meine persönliche Schutzgöttin geworden.

Die braune Mistel mit dem goldenen Licht

Demütig
verneige ich vor Euch
mein Haupt,
dass ich so bald Euch sah,
das hätt' ich nicht geglaubt.

Die unsichtbare Hand
führte mich zu Euch,
edles Wesen,
Königin im Pflanzenreich.
Ihr blickt mich an
mit Blüten,
die wie Augen;
eure Blätter
ledrig, samten braun,
wie ein Kleid
geschenkt von Mutter Erde.

Dazwischen leuchtet
reines, warmes Gold
im von Künstlerhand gefasstem Geschmeide.

Öffne meinen Geist,
der sich für alle Wesen weitet.
Verbindet
von der weißen Göttin

angeleitet
das Herz, die Stirn,
das Geflecht der Sonne.

Euer Anblick
ist wie ein mahnender Kuss,
edler Göttinnen Kraft
an eine auserwählte Seele.

Edle Königin
der Zauberpflanzen,
Ihr blüht
in des Weißdorns welker Krone
als braune Mistel.
So nennt man Euch,
mit dem gold'nen Licht
umkränzt von
grünen, jungen Mistelnestern.

Eure Hofdamen
sind Eure Schwestern.

Ich bet' Euch an
wie der Zauberlehrling
die Meisterin.
Ihr seid die Königin
der Mistelgeister.
Euer Geist

ist nun in mir geboren.
Ich folge stetig eurem Licht,
fühl' mich auserkoren.
Bin an Euch verloren.
Kann nicht anders,
kann nicht widersteh'n
als den geheimnisvollen Weg
zu Ende geh'n.

Anmerkung: „Erst wenn der Kräuterkundige die Pflanze
draußen in der Natur ebenso wie innen, im Spiegel der
Seele, betrachtet, ist es möglich, etwas Wesentliches über
sie zu erfahren." (W. D. Storl)

Ihr Zeichen heißt Nebeldicht

Du schwebst
über Wälder und Berge
sanft und leis',
du bist die Göttin in Weiß.
Der Nebel ist dein Kleid,
mit dem umhüllst du die mächtigen Eichen.
Nebeldicht ist dein Zeichen.
Zwischen Weiden und Erlen,
dicht an des Ufers Rand,
steigst du auf mit weißen Perlen
in ein schöner Land.

Die Morgendämm'rung
lässt dich erscheinen,
als weiße Götterfrau.
Dein Fuß, dein Schritt
netzt mich mit Morgentau,
netzt auch die Blüten, die Blätter, das Laub,
netzt auch das Netz der Spinne,
dein Schimmern macht mich taub,
entblättert mich der Sinne,
sodass ich tief in mir ruh'
und dich als Quelle fühle
aus deren Schoße immerzu
Bilder, Klänge und Geschichten fließen,
die wie Bäume, Sträucher, Blumen sprießen.

Es ist so als ob du zu mir dich neigst
mir mit deinem Kuss
mir den Reichtum
meiner inn'ren Quelle zeigst.

Die goldene Mistel (Viscum aureum)

Mit deinen weißen Früchten,
wie der Augen drei,
zeigtest du dich mir
im gold'nen Kleid
als des Weißdorns Braut.
So hab' ich dich,
Dreigestaltige,
im verlass'nen Garten der Sehnsüchte
geschaut.

Die gold'ne Sichel,
die am Himmel stand,
sie gibt mir deine Kraft
in meine Hand
und ich verstand.

Obwohl ich selbst
ein Zauberlehrling nur,
die Kraft der Drei
verhieß mir deine heil'ge Spur.

Denn Eins ist Beginn,
die Zwei – wie der volle Mond.
Mit der Drei ist's dahin,
vorbei – und doch Beginn.
Die Triade, Du.

Eins – Zwei – Drei
als Sichelform,
bist des heil'gen Denkens Norm.

Ob Dreieck,
ob Triade,
in deinem Zentrum steht
das Innen
wie das Außen,
das alles Weit're
im neuen Kreise
weiterdreht.

Die Tradition des Mistelschneidens mit einer goldenen Sichel, bei Vollmond, macht die gewöhnlich grüne Mistel zur goldenen Mistel. Im Ritual entsteht der Zauber und die Zauberkraft. Die keltische Triade, die heilige Drei, ist symbolisch in den drei Punkten der Sichel dargestellt (Spitze, Scheitel, Schaft), die auch die Phasen eines Mondzyklus meint. Eins ist der zunehmende Mond. Zwei der Vollmond und drei der abnehmende Mond. Wir erkennen eine Stufe des Denkens, wenn wir bis drei zählen können, aber nicht mit Zahlen, sondern mit Bildern und Zaubersprüchen. Beachte auch die Wandlung der Mistel in den drei „Mistelgedichten" in diesem Buch: die grüne Mistel (Beginn) – die braune Mistel (Verwandlung) mit dem goldenen Licht – die goldene Mistel (Vollendung, des Lebens Ziel, das Gold der Seele).

Alles ist eins

Der Fels, das Feste,
aus dem Magma der Sonne erstarrt,
das Wasser, das Weiche,
mit der Kraft des Mondes beseelt.
Keim des Lebendigen,
Fels und Meer.
Vom Wirken unendlicher Weiten,
vom Kosmos gestärkt,
zeugten euch Pflanzen
als Wandler des Lichts,
als Schöpfer der Luft,
die wir atmen.
Als stille Diener
und Wegbereiter
für die Fülle des Lebens.
Die schützende Hülle
von Mutter Erde,
als Nährerin,
schufst du die Tiere,
die aus den Tiefen des Weltalls kamen.

Abbilder
der Zeichen und Sterne des Himmels.
Damit du kommen konntest,
Mensch,
du edles und

vernunftbegabtes Wesen.
Als vorerst letzte Knospe,
die alles,
was der große Geist
in sich erschuf,
in sich trägt.

Als Knospe,
die schauend und staunend
sich Jahr für Jahr
ein Menschenleben lang
tiefer und tiefer
deinem Antlitz
nähern darf.

Mensch,
Ebenbild der Schöpfung.
Die Schöpfung preisend.

Liebe ist das Zauberwort,
das umschreibt,
warum das alles von dir,
dem Seienden,
erschaffen wurde.

Liebe ist die Zauberkraft,
die Tod
zu Leben wandelt.

Liebe,
Seiender,
ist deine Stimme.

Als Knospe deiner Liebe
öffne ich mich Dir.
Jahr für Jahr
schreibt sich deine Schöpfung
in mein Herz
hinein.

Das ist das Geheimnis
des SEINS:

ALLES ist EINS.

Die Sehnsucht nach dem Einssein mit mir selbst und
mit der Welt ließ mich in eine meditative Versenkung
verfallen, aus der weitere Gedanken auftauchten. Ich
schrieb sie auf.

Die Herbsttagundnachtgleiche, meist am 21. September,
kann sich je nach Jahr bis zum 23. September verschieben.
Der Zeitraum für dieses Sonnenfest war das Reich des
keltischen Götterpaares Lug und Annona. Vom Fest der
Diana (13. August) bzw. von Mariä Himmelfahrt (15.
August) bis zum keltischen Jahresbeginn, Samain, dem
heutigen Allerheiligen (1. November) herrschen diese

beiden, will man Wolf-Dieter Storl Glauben schenken. Lug, der keltische Sonnengott des Herbstes und Annona die früchtebringende Erntegöttin sind die Abbilder für diese Jahreszeit. Ich wanderte durch die Natur mit dem Bewusstsein dieser Wesen in mir und entdeckte ihr Antlitz in den Sonnenstrahlen der Herbstsonne, die über dem Waldsaum Lugs Krone darstellte.

Herbstbeginn (21. September)

Ich sehe deine Krone
wie die Fächer göttlichen Lichts
durch den Saum des Waldes blinzeln.
Dein mächtiger Speer,
den Geistern des Waldes zur Zier,
wie Tausende Pfeile der Sonne,
trifft Pflanze und Tier.
Du triffst die Kraft des Werdens.
Du zügelst den wilden Galopp der Säfte,
du drückst die Kraft
ungebändigter Pferde,
ungebändigter Kräfte
zurück
in den Schoß von Mutter Erde.

Ich wurde still
und ich verstand –
du bist's
Lug* schwebt ins Land.

Ich sah deine nährenden Brüste
im welken Blätterkleid
als Avalons* Früchte,
als Äpfel, Beeren und Nüsse.
Ich pflückte und sammelte
die Samen

in deinem Namen,
als Früchte deiner Küsse
von Sonne, Erde und Wind,
beseelt vom Geist des Wassers
in Dunst und Tau.
Ich sehe dich, Göttin, Frau
in bunter Farbenpracht.
Ein farbenfrohes Kräuseln
und Winden,
ein Knistern, ein Säuseln,
ein Finden.
Das Grün des Sommers,
wandelt euer Liebestreiben
in hellem Rot,
in zartem Umbraton.
Die Früchte sind eure Kinder,
die Samen euer Lohn.

Ich wurde still
und ich verstand
Du bist's,
Annona*, dein Land.

Die Eibe – Großmutters Baum

Es heißt
es gibt nichts,
das du nicht weißt.
Dein Wesen
reicht zurück
in Ewigkeit,
bis in jene
zeitlose Zeit
der Dunkelheit.
Deine Äste und Zweige,
Schatten gleich,
sind die Boten
auf entschwundenen Bahnen,
hinab ins Reich der Toten
und Ahnen.
Zwischen hier
und dort
stehst du stumm,
ohne ein Wort,
und dennoch ist deine Stimme
zu hören.
Sie klingt wie das Singen
von Himmelschören,
heischend,
betörend,
Sphärenklang.

Das Gift in Dir
ist reiner Schutz,
den Menschen Ehrfurcht
lehrend,
um den, der Hand
an dich legt,
abzuwehren.
Wer es wagt und dich niederrafft,
er bleibt nicht ungestraft.
Ob Arillus*, Blüte
oder rote Frucht,
dein Samen
trägt deinen Namen.
Dein Geruch
führt mich ins Ungewisse,
ins ewig Große,
sprich: ins Namenlose.
Vor dir kann ich
mein Haupt nur neigen
und Ehrfurcht zeigen.

Du bist der Weltenbaum,
der nie vergeht,
um den sich das Werden
und Vergeh'n
immerwährend
endlos weiterdreht.

Ich legte mich unter das Eibenholz, betrachtet die roten Arilli und spürte das Gift und die Kraft, die diese Pflanze in sich trägt. Kein Wunder, dass sie mit dem Weltenbaum der Kelten in Verbindung gebracht wird. Das Taxin der Eibe wird mittlerweile als Mittel gegen Krebs eingesetzt. Im dunklen Schatten ihrer Zweige kommen dir auch dunkle Gedanken.

Stechpalme

Du bist bestechend schön,
deine roten Früchte,
dein Grün,
die spitzbewehrten Blätter,
dem Lorbeer gleich,
verkünden mir
deine Würde,
deine Zier
in einem Zauberreich.
Was du – Pflanze -
willenlos -
das sei ich
in meinem Willen
groß.
Du heil'ge Palme,
gib mir Kraft

mich zu wehren,
erfülle mich
mit deiner Würde
und mach mich
edel zugleich.
Ich bin du und du bist ich.
Dein kraftvolles Grün
macht mich
bestechend kühn!

Goethes Spazierstock war aus dem Holz der Stechpalme gemacht, auch diese Pflanze gab mir Kraft für Verse. Die Kraft der spitzen Blätter erinnerte mich an die Kraft einer spitzen Feder, mit der der Schreiber das Wort zur Waffe machen kann. Es gibt einen Spruch von Friedrich Schiller, er besagt: *„Suchst du das Höchste! Die Pflanze kann es dich lehren, was sie willenlos, sei du es wollend!"* Das ist gemeint mit dem Satz, den ich im Text kursiv gestellt habe. Mit der Stechpalme begann ich mich innerlich wieder aufzurichten. Die Reflexion mit ihr, der Stechpalme, sie gab mir meinen Antrieb, meinen Willen wieder zurück.

Eiche

Du mächt'ger Eichenbaum
mit Stamm wie Fels
und himmelhoher Krone.
Du schenkst mir einen Traum.
Die Kraft der Welt;
bist Königssitz,
gleichst einem Throne.
Blitz und Donner
erdest du mit deinen Stämmen,
bist Götterbaum
voll Macht und Stärke.
In deinem kühlen Schatten
erwachsen all die großen Werke,
die Menschen
dem Zahn der Zeit
entgegensetzen,
überwinden Angst und Bangen,
um ird'sche Unsterblichkeit
zu erlangen.
Unter deinem Antlitz,
deinem Licht, deinem Gewicht
halten sie Gericht,
sprechen sie Gerechtigkeit
in der mächt'gen Götter Namen.
Die Eicheln, deine Samen,
hast du von Anbeginn der Zeit

in all die Wälder
weit gestreut,

in Berg und Tal
an lichten Orten
in großer Zahl
entstanden sie,
die heil'gen Haine.

So sitz' ich da,
alleine,
unterm Eichenbaum.

Deine Blätter
quellen dir aus meinem Mund,
geborgen fühl' ich mich
an deines Stammes Fuß,
sodass ich finde:
Es ist der Götter Gruß.

Unter der mächtigen Eiche dachte ich an Marina. Unter
dem Einfluss der mächtigen Eichenbäume, manche
sind umringt von Holunder, fühlte ich die Kraft, die
in diesem Königsbaum steckt; kein Wunder, dass er
den Kelten einem Schutzgeist glich, denn auch mich
erfüllte das Verweilen unter seiner Krone mit Kraft und
Willensstärke.

Erle

Tanzende Jungfrauen,
Feen und Nymphen
findest du
vom Wassergeist geneckt
in von Erlenwäldern
gesäumten
Ufern und Sümpfen.
Es blitzt das Licht –
oh Schreck,
ist's der Wasserneck?
Oh nein, Du Perle.
Ihr seid's!
Töchter der Erle!
Wo ist der König,
der euch schuf?
Euer flachsig
geschmeid'ger Wuchs
ist edler
als euer Ruf,
der Erlengeist zieht
zum Wasser dich
hinab in dunkle Tiefen.
Schwermut,
Trübsal
sind die Geister,
die dich riefen;

und doch strahlt
Licht in deiner Krone!
Licht, das blitzt,
das mit Funken sprüht.
Es ist der Feenstaub,
der zarten Sylphen
Lichterspiel.
Die Lichter,
den Sternschnuppen gleich,
führen dich zum Ziel,
führen dich
ins Feenreich,
ins Reich der Erlenwesen:
Du wirst sein,
du bist
und warst gewesen.

Esche

Du ahnenstolzer
Eschenspeer,
biegsames Geschmeide,
so ist dein Holz.
Die Fiederblätter
deiner Zweige
rings und quer
sind Lug's Sonnenkrone gleich.

Dem Krieger gibst du Kraft.
Die Sonnenstrahlen
triefen
bis zum Schaft.
Du edler Baumgeist,
du,
du treue Eschenseele,
ich näher' mich dir
ohne dir
nahezutreten.
Du lehrst
mich
kühlen Kopf,
ruhiges Blut,
sprich: mit dem Herz
zu beten.
So hab' ich Mut.

Der Habitus der Esche, vor allem die lanzetten-förmigen Blätter bestärkten mich in dem Gefühl, dass im Eschengeist etwas Kämpferisches liegen muss.

Belladonna und stramonium*
(„Nachtschatten")

Sie nannten euch
Schatten der Nacht.
Ich traf euch unverhohlen,
Euch nicht suchend,
schreitend auf leisen Sohlen,
auf einem freigeholzten Schlag,
einer von Menschenhand
gelichteten Lichtung
im Wald,
versteckt am Wegesrand.
Ihr seid,
Ihr führt,
zum Schatten der Nacht
und doch ist euer Wesen
fürs Licht gemacht.
Oh Belladonna,
süß-gift'ge du,
mit deinen Früchten,
deinen dunklen Augen
blickst du mich an,
bist du's? Morrigan?
Dunkle Göttin, dein Anblick,
deine Macht
führt mich hinab
in ahnendunkle Nacht,

dein geheimnisvolles Wissen
öffnet sich mir,
schlaftrunken,
am sanften Ruhekissen.
Im Schatten deiner Zier
die lilaschwarzen Blüten.
Da riefst du mich,
Stramonium,
Belladonnens Gebieter,
du reinstes Schattenwesen,
Stramonium,
dein Stachelhaupt,
augenlos,
in dich gekehrt,
mit grünen Dornen
rings bewehrt,
im Spross.
In Adorantenstellung
gebietend
ist dein Haupt
die Hülle
dunkler Samenfülle,
birgst in dir
die dunkle Kraft,
den finst'ren Wahn,
bist die Leiter
hinab ins Reich des Todes,
hinab ins Schattenreich

zum ew'gen Hain*,
der den Lebenden erscheint
als still und stumm und leer.
Dort weilst du, Gott Samain*,
im Reich ohne Wiederkehr;
als unsichtbare Wand
trennst du
das Hier vom Dort,
und doch ist deine Blüte
schneeweiße Zier,
Hoffnungsort,
Ausdruck für des Schöpfers Güte.
So bist du Mittler,
wie ich es spür'
vom Dort zum Hier.
Die Kräfte – ob mild ob weich –,
die Kräfte aus dem Schattenreich
nähren unser wahres Licht.
Es gibt kein Licht ohne Schatten,
keinen Tag ohne Nacht,
das Trennende ist das Verbindende zugleich,
die Teile sind das Ganze,
ob im Schatten, ob im Licht:
Fürchtet euch nicht,
erhebt keine traurige Klage,
ich, der Schöpfer, bin immer bei euch,
bis ans Ende der Tage.

Die Tollkirsche (Atropa belladonna) und der Stechapfel (Datura stramonium) sind wahrhaftig zwei nahezu teuflische Giftpflanzen. Die Tollkirsche, sie blickte mich mit ihren dunklen Früchten verführerisch an. Die Beeren, sie fühlen sich ganz weich an, sie fielen mir fast freiwillig in meine Hand. Der stachelförmige Kopf des Stechapfels enthält giftige Samen, was wollte die Göttin mir zeigen? Ihre dunkle Seite? Ihr gefährliches Angesicht im Schein des Mondes! Furcht ist kein guter Ratgeber. Der Tod, er riecht nicht gut.

Ein Baum, der fällt

Ein Baum, der fällt,
ist wie ein Mensch, der stirbt.
Sein Fallen verändert die Welt.
Sein Sterben ist ein Verwandeln,
ein Hinübergehen,
in eine andere stoffliche Form.
An seinem Platze
verbleibt sein Wesen
eine Zeitlang noch,
für jene, die mit ihm gewesen.
Sein Schatten ist dahin
und bringt jetzt das Licht.
Sein Platz, sein Raum,
den er erfüllte,
den er beansprucht hat,
bringt Freiheit, bringt Luft,
bringt Neues,
bringt neue Fülle, die vielfältig
aus seinem Schatten entsteht,
bis wieder ein neuer Geist
an seiner Stelle weht.

Du, Mensch,
erwach' aus deinem Traum.
Achte, ehre den Baum,
was immer sein Wesen war,

bevor er fällt,

bring ein Opfer dar,

stimme den Geist

seines Ausdrucks, seiner Kraft

gnädig und mild.

Begegnest du dem Baum

achtlos,

machst du seine Schutzgeister wild.

Der Baum, er hat seinen Stolz.

Er ist Mittler

zwischen dem toten und lebenden Holz.

Achte und ehre den gefällten Baum.

Zwischen Tod und Leben, sieh zu,

wandelst auch du!

Die Menschen hatten früher Ehrfurcht vor den Bäumen. Wer einen Baum fällte musste ein Opfer bringen. Die Kelten hatten den Glauben, dass, wer einen heiligen Baum fällte, der musste mit der Strafe der Götter rechnen.

Samain*

Oh, dunkle Zeit,
die nun beginnt,
wie traurig trist,
verfällt
die Welt,
die sichtbar ist,
in dunkle Nacht,
in Nebelpracht,
ins Unsichtbare
als das ewig Wahre.

Was war, wird sein.

Die Toten sind nicht
verloren,
was stirbt,
wird neu geboren.

Der große Geist
wird immer sein
und wir in ihm,
das neue Jahr
beginnt zu Samain,
geliebte Nelferch*,
im Hag*
am heiligen Hain*.

Samain war das Keltische Totenfest. Es wurde in der Nacht vom 30. Oktober auf 1. November gefeiert. Die Göttin des Todes war Morrigan und der Gott dieser dunklen Zeit war Samain selbst. Heute wird zu dieser Zeit Halloween gefeiert. Das keltische Jahr beginnt mit Samain, es beginnt die Dunkelheit des Jahres, die Tage werden immer kürzer bis zur Mittwintersonnenwende. Das Jahr der Kelten sollte symbolisch aus der Dunkelheit zum Licht führen. Wenn du dich der Natur und ihrem Rhythmus öffnest, so wie ich, dann wirst du das ganz von alleine erfühlen.

Zaubergarten

Drei Jahreskreise Zeit,
die brauchst du gewiss.
Beginne mit deinem Hain
und pflanze zu Samain.
Es sagt dein Weisenrat:
Vergiss Vergangenheit, Zukunft,
Gegenwart.
Es ist kein Anfang,
es ist kein End'.
Das Rad der Zeit
ist nur Geschwindigkeit.

Drei bewehrte Bäume
für die Göttin,

die weiße:
einen rotbeerigen Stamm
für Mutter Erde
und für all die weit'ren
Wunder,
Hasel, Weide und Holunder.
Sie sind der Kreis
der Weisen,
die alles Weit're
mir verheißen.

Lass' alles sein,
wie es ist.
Das Gras,
die Sträucher
und den Mist.
Streu Blumensamen
unter sie,
verteile Sand
und Erde.
Vermeide jegliche Gewalt
und führe aus in Ruh'.
Lass die Vielfalt,
lass sie einfach zu
und warte von Samain
bis Samain.
Hab' Geduld
mit deinem Hain.

Du brauchst keine Müh'.
Du brauchst nur warten,
er wächst von selbst,
dein Zaubergarten.

Dem großen Meister

Wer bist du, großer Meister?
Bist du's, der rief die großen Geister,
der mich das Zaubern lehrte,
der mir die Kräfte gab,
wonach ich so begehrte?
Du kamst aus dunkler Nacht,
ich höre deine Stimme,
ich fühle deine Nähe,
ach, wenn ich dich
doch auch noch sähe!
Sanftmütig und voll Weisheit
ist dein Wesen,
ich brauche keine Magie,
keinen Hexenbesen,
kein Ahnengrab
und keinen Zauberstab,
ungeteilte Urteilskraft
stärke mich darin,
barmherzige Wohlgesinnung
mach' sie mir zuteil,
so führst du mich

zu Gewinn
und inn'rem Heil.
Magie und Zauberei,
sagst du, sei mir einerlei.
Die Hexameter,
die zum Schluss
Marcellus* schrieb,
sagst du,
achte sie
und hab sie lieb.
Es gibt im ganzen Kosmos
nur eine Kraft,
die alles schafft.
Sie wirkt durch deine Seele,
durch den Glanz der Natur
entlang des Schöpfers
gold'ner Spur.
Indem du gibst,
erhältst du sie.
Indem du liebst,
bleibt sie in dir.
Nur das Wissen,
das in deinem Herzen ist,
macht dich zu dem,
was du wirklich bist.
Du bist
und schaffst die Welt,
die dich im Inneren

zusammenhält.
So lebe zu des Schöpfers
Wohlgefallen.
Er wird dich beschenken,
mit allem,
was dein Herz begehrt,
was leuchtet und klingt
dich dem ird'schen Himmel
näher bringt;
großer Meister, du,
im Geheimnis
von Wurzelspross,
von Blatt und Blüte,
erfahr ich deine Weisheit,
deine Güte.
Lehr' mich weiter,
dass ich's versteh'
und durch dich
der Schöpfung ew'ge Liebe seh'.

Ich suchte nach jemanden zu dem ich aufblicken konnte, jemand der die Geheimnisse der Natur aus dem Empfinden heraus versteht. Wir haben die Welt naturwissenschaftlich zerlegt, bis in die kleinsten Teilchen, Quarks und Bryonen, aber das Ganze sehen wir nicht mehr. Marcellus Empiricus war ein keltisch-röm. Schriftsteller, er schrieb das Buch „De Medicamentis" (4./5. Jahrhundert n. Chr.), in dem er altes Heilwissen

seiner Zeit sammelte. In diesem Gedicht dankte ich für
das Erkennen, das ich in seinem Wissen fand. Er wurde
zu einem Meister der Seele für mich.

Onopordum acanthium
(die lila Distel, auch Eselsdistel genannt)

Du meterhohes Ding,
so schossest du empor,
dein stachelig wild bewehrtes Kraut
kam wie angerauchter Tabak mir vor,
filzig derb umwoben,
so hab ich mich getraut,
wie ein eselsarmer Tor
vor dir zu stehen,
mit Blick nach oben.
Dort seh' ich nun
deine lila Blütenknöpfe
im lauen Wind
sich wiegen,
aus deinem Anblick
schöpfe ich den Wunsch
zu kämpfen,
zu kämpfen
und zu siegen.
Deine Rauhborstigkeit,
dein Stachelkleid,
dein Eselhaftes

widerborstig Wesen
schützt letztlich
deine Blütenkelche
von spitzem Saum
umgeben
vor Esel, Hirsch,
vielleicht auch Elche.
So bleibst du leben.
Und ich armer Tor,
ich verehre dich
in dem, was du geworden,
denn du bist edel,
gerecht und klug,
sodass
der lila Distelorden
dich sogar in seinem
Wappen trug.
Gib mir deine Eselskraft,
es ist das Törichte,
das die Welt
zum Rechten schafft,
die leuchtende Silberspur
aus deinem Blütenstaub
ist das Leuchten
deiner Liebe nur,
von der ich glaub',
dass sie auch mich zum Leuchten bringt,
sodass meine inn're Schwingung

mit dir klingt.
Deine abgrundtiefe Eselsmacht
hat dem Esel in mir
ein Lachen gebracht.
Drum dank' ich dir,
du lila Distel;
und zaub're weiter
mit dem Zweig
der Mistel.

Die Eselsdistel entdeckte ich auf einer Waldlichtung. Noch nie hatte ich eine solch imposante Pflanze gesehen. Wer sich ihr nähert, erkennt in ihr seine eigene Eselsnatur. Der Esel ist aber das Tier der Heiligen. Jesus reitet auf einer Eselin nach Jerusalem. Die Blüte der Eselsdistel, das Lila und das Licht, das in ihr wohnt verlieh mir ungeahnte neue Frische. Es störte mich nicht mehr ein Esel geworden zu sein, im Gegenteil, in dem ich meine Eselsnatur erkannte, erkannte ich auch die Eselsnatur meiner Mitgeschöpfe. Und als ich auf einer Weide, die von Schafen abgegrast wurde, nur Disteln sah, wurde mir klar, was die Distelnatur für einen Nutzen hat: Du wirst in Ruhe gelassen. Alle Gräser hatten die Schafe abgefressen bis zur Wurzel, die Disteln hingegen erfreuten sich in ihre vollen Größe.

Tannenbaum, Fichtengrün

Tannenbaum,
Fichtengrün.
Die Sehnsucht
nach eurer Lebenskraft,
wenn alles stirbt
und darrt
im Wintereis,
im Winterhart,
führt dazu,
dass man dich
ins Zimmer schafft
und heilig macht,
in sel'ger,
verheißungsvoller Nacht,
in sanfter Ruh'.
Tanne,
Fichte,
bist Schwester,
bist Nichte.
So blicke ich
freudvoll
ins Weite,
du Fichte
bist die lichte,
du Tanne
bist die dunkle Seite.

In geschwisterlicher
Verbundenheit
seid ihr
die Herrscherinnen
über die kühle
Jahreszeit.

Mit dem Winter kam auch eine ungeahnte Kälte in meine Seele. Eine Kälte genährt von der „weißen Göttin", die alles zudeckte. Dunkelheit und Kälte, Erstarrung und Finsternis, Rückzug des Lebens in die tiefe Erde hinterließen nur ein sehnsuchtsvolles Hoffen nach dem Licht der Sonne.

Mittwintersonnenwende (21.-23. Dezember)

In stolzer Höhe,
im zarten Gezweige
des Birkenbaums
erzählt
das Grün
der Mistelkugel,
gleich einem Nest
hoffnungsfroher
Gedanken,
ein Märchen,
trotz Kälte,
trotz Eis
gibt sie das
Geheimnis
einer Wende preis.
Das schwarze Kleid
von Morrigan*
fängt zu glitzern an.
Es ist das Licht
von dir, Sonnenkind*,
das im kalten Eiskristall
zu leuchten beginnt.
Ein Licht,
so warm,
so weich,
so mild.

Ein heller,
wärmender Schein,
er macht dich froh
bis tief ins Herz hinein.
Erzähl'
mir weiter
dein märchenhaftes Lied.
So ergreifend licht,
du brichst das Eis,
das kalt und hart.
Das Märchen
im Mistelgrün
erzählt vom Licht
des Sonnenkindes.
Steh' auf,
geh',
und find' es!

Er ging
und fand
Erbarmen.
Das Kind
in der weißen Göttin,
in Mariens
Armen.

Der kürzeste Tag und die längste Nacht im Winter, Mittwinter-sonnenwende genannt, das ist eine heilige Zeit. Nicht nur weil wir in dieser Zeit Weihnachten feiern. Die Kelten sahen in der Wintersonnenwende den Sieg der aufsteigenden Kräfte des Jahres über die absteigende Kräfte. In dieser Zeit verehrten sie die Geburt des Sonnenkindes als Ausdruck für den Ablauf der Zeit von Samain und Morrigan bis ca. 2. Februar (Lichtmess). Mit der Wintersonnenwende, wenn die Tage wieder länger werden, verlassen wir die dunkle Zeit des Jahres und gewinnen neue Kraft für die helle Zeit des Jahres.

Wacholder

Der Schnee hat dich
gedrückt,
Wacholderstrauch.
Du, der mich entzückt,
Dein Winterpelz
er fühlt sich an
in meiner Hand
wie ein Igel,
der sich zur Kugel
wand.
Wacholderkugeln,
igelhaft,
dein scharfer Duft,
der Würze edler Saft,

du schüttelst ab
den zerworf'nen Schnee,
sodass ich
gespiegelt
in deinem Atem
deine Schönheit seh.'
Wach! Holder, Du!
Ich versteh.'

Im Weiß des Winters lieben wir alles, was auch im Winter grün ist. So sind die Mistel, der Wachholder und die vielen Nadelbäume wie Fichte und Tanne Kraftspender für den Suchenden. Die Eibe entwickelt zur Zeit der Wintersonnenwende ihre höchste energetische Wirkung. All das sog ich in mich auf, um mich an der Natur zu stärken.

Birke

Die moderdichte
Rinde
bricht auf
wie ein gesproch'nes
Wort
durch schimmelweiße
Mumienbinde,
so wirkt dein Stamm
wie Bast und Seide,

wie ein Rückgrad.
Wie der grauen Farbe
entwachs'ne Kreide.
Klamm
nach oben sich
verjüngend,
in zartes Reisig
sich ersprießend,
die edlen Säfte
in deinem Körper fließend,
entlockt ich dir.

Der Frühlingswind
erweckt in mir
mein inn'res Kind.
Der Birkensaft,
er gibt mir Kraft.
Ich lechze,
ja, ich trinke
deinen Silberstrahl
und winke!
Der Geist der Birke
kommt von
einer Göttin,
ihr Blut
ist reinstes Wasser,
edler Quell,
klärt Geist und Seele,

dreht deinen Körper
rings im Kreis
und reinigt dich
im Birkenweiß.

Das Weiß der Birken, umgeben vom Schnee auf den
Bäumen und auf den Feldern, der Glanz und Zauber
des Winters ist auch das Kleid der Göttin, die ich suchte.
Das bekannte Birkenwasser, das im Frühling aus dem
Saftstrom der Birke gewonnen wird, wurde mir zum
Lebenselixier.

Ist es das Weiß der Göttin?

Ist es das Weiß der Göttin,
das vom Himmel fällt
und mit kaltem Schauer
die dunkle Zeit erhellt?
Der gold'ne Sonnenstrahl
bricht zart und fahl
über der Göttin weißem Kleid,
zaubert Kristalle
in tausendfacher Zahl,
schillernd, blinzelnd
Lichtblicke,
in myriadenfacher Gestalt,
auf dem sanften Schnee,
auf dem zu Eis erstarrten See.

Ein Prickeln
geht durch meine Seele,
du bist die Göttin,
die weiße,
du sagst:
Ich befehle!
Nur der Tannenbaum,
das treue Fichtengrün,
und mitunter auch
der Wacholderstrauch
gibt Hoffnung uns
und Zuversicht,
dass unter dem
vom Schnee bedeckten
Mutter Erdens Schoß
die Kraft des Lebens ruht,
die sich in sich verschloss,
wartend auf deinen Ruf,
auf deinen Tag,
an dem in holder Blütenpracht
aus kalter dunkler Nacht
deine ewige Liebe
aus der Erde Poren dringt
und dir,
der weißen Göttin,
das pralle Leben wiederbringt.

Brigiths* Tag (Lichtmess)

Der erste warme
Sonnentau
lockt den Bären
aus dem Bau.
Brigiths Licht
im Eiskristall
befreit den Lebensgeist
im Hier
und überall.
Der Göttin
edle Schmiede,
das Feuer
in ihren Händen
beflügelt die Natur
zum ersten Liede.
Entfacht
die Kraft
der Lenden.
Birkenweiß
und mistelgrün,
der Wald'reb
düst'res Haar
lässt die Göttin
in die Lande zieh'n.
Gibt erste Kraft
dem Liebespaar.

Die Bärengöttin
schmelzt den Schnee,
das Eis.

Der erste junge Spross
entwächst
der Erde Schoß,
fröhlich
jauchzt
dein übervolles Herz
zu Dir
himmelwärts.

Du kannst es auch fühlen. Wenn der Februar kommt,
dann verehrten die Kelten die Lichtjungfrau Brigith,
deren Begleiter ein Bär war. Sie nannten sie auch die
Bärengöttin. Ich fühlte die neue Kraft der Sonne, ab
Lichtmess geht die dunkle Jahreszeit endgültig zu Ende,
der Schnee schmilzt und auch in meinem Herzen kehrte
allmählich der Frühling ein.

Die Pinien (Pinus sylvestris)

Pinienhände
sind knorrig, rotbunt
deinem Stamm entwachsen,
verzweigen sich
bis ans Ende
zum Kronengrund.
Wie eine Büscheldolde,
die aussieht wie ein Korb
voll von Nadelpolstern.
So steh' ich da,
ganz allein,
frohlockend,
sehn' ich mich
nach dir,
hier im Pinienhain.

Meine Sehnsucht nach der Göttin wurde stärker und
stärker.

Efeu und Immergrün

Efeu rankt sich
wie eine Schlange
empor,
hilft dir
zur höherer
Erkenntnis
vor dem
noch verschloss'nen Tor.
Den Boden
deckt
das blühende
Immergrün,
du blickst zurück,
musst weiterzieh'n.
Es kommt der Tag,
es kommt die Zeit,
die Tür wird offen sein
und du
eingeweiht.

Wann kommt der Tag, die Stunde, die Zeit?
Wann kommst du und ich bin deiner würdig?

Frühlingsäquinoktium (21. März)

Dein Atem
schmilzt das Eis.
Die Vögel
singen leis'
ein Sonnenlied
der Göttin
des Lichts.

Du bannst
den Tod ins Winterreich
und strahlend,
stark und warm
regierst du
die Natur
mit deinem Arm.

„Endlich - Frühling!", sagt das Herz. „Das Erscheinen
der Göttin nahe?", fragte ich mich in meiner Sehnsucht.

Willst du nicht auferstehen?

Warum,
so fragten mich
die Hibiskusblüten,
warum
willst du
nicht auferstehen?
Das welke Blätterkleid
meiner Seele
fiel ab von mir,
entließ mich
nackt
der dunklen Wasserhaut,
die mich verschlang.
Am Grund des Sees
hast du mich
liegen sehen.
Warum,
fragst du,
willst du nicht
auferstehen?

Die Christen setzten Ostern, das Fest der Auferstehung in den Frühling, Frühling heißt neues Leben, heißt Auferstehung im Kreislauf der Natur.

Der grüne Mann* (green man)

Grüne Lebenskraft
entspringt
der Erde.
Der Tatendrang
der Natur
folgt
des grünen Mannes
Spur.
Der Efeu
windet sich
aus seinen Mund,
die Knospen
geben's kund.
In ihrem Sprießen
es lacht
sein Blick
im Streifzug
über
Berg
und Tal
und Wiesen.

Die Kelten verehrten den „Grünen Mann", ein Wesen aus dessen Mund Pflanzen wuchsen. Er ist das Bild für die erwachende Vegetation.

Das Geheimnis der Apfelblüte

Apfelblüten zieren
Avalons* Pforten,
Avalons* Türen.
Das Weiß und all die
Frühlingsblüten,
die Kraft
längst vergang'ner Mythen.

Junge Mädchenliebe
in unschuldsvollem Schleier.
Auf der Suche nach dem Freier,
ihre süße Wollust,
die in sich mündet.

Des Frühlings
uneingeschränkte Fruchtbarkeit,
wie sie hier empfindet.

Dein Herz wird weit,
die Brust erglüht
zur Freude.
Es wird deine Güte
zur Liebe.
In dir:
Die Apfelblüte

Die Apfelblüte zieht die ersten Bienen an, ein wunderbares Treiben der Natur, der Duft von Fruchtbarkeit, der Duft von Lebenskraft machte mich nahezu schwindelig.

Triade des Herzens
(umfasst die drei folgenden Gedichte an drei besondere
Blumen, die als Frühlingsboten gelten)

Ich fragte mich, welche Pflanze mag es sein, die die Kraft
und die Macht hat, die Liebe in uns zu wecken. Indem ich
fragte, wurde mir klar: Was ist überhaupt Liebe? Ein Wort
so leicht hingesagt. Ein Bild, so einfach gedacht. Eine
Stimme, so einfach gehört. Ein Gefühl, eine Bewegung,
so unbeschwert empfunden…und doch bei genauerem
Nachsinnen blieb ich mir die Antwort schuldig. Liebe ist
eine Tat, die sich darin ausdrückt, dass ein Ich sich im
Du vergisst.

Das Buschwindröschen
(Anemone nemorosa)

Anemone,
Buschwindröschen,
nemorosa,
du kannst nur eine
zarte, weiße, schleierhafte
Sylphe sein.
Wo du dich zeigst,
wo du dich zweigst,
wird die Erde, der Moderboden,
bedeckt vom Moderschimmel

106

unterm Busch, mitten
im lichten Wald
zum Sternenhimmel
deiner Frühlingsblüten.
Unschuld.
Anemone,
des Dichters edle Prosa,
edle Reinheit,
nemorosa.
Du unschuldsvolles Mädchen,
der Frühlingswind
streicht wunderbar
durchs dreifach gefiederte Blatt
wie durch dein Mädchenhaar,
sodass ich all mein Sinnen
auf deine Schönheit lenke,
wenn ich an meine
erste junge Liebe denke.

Anemone nemorosa, Buschwindröschen, obwohl das
Hahnenfußgewächs leicht giftig ist, ist es als Frühlingsbote
eine so schüchterne und unschuldsvolle Pflanze, dass ich
an sie denke, wenn ich an Liebe denke.

Viola odorata (Duftveilchen)

Viola,
Königin der Düfte,
odorata.
Es klingt dein Name.
Du, in Blütenduft
gegossene
Verführungsdame.
Verliebt bin ich in dich,
dein lila Kleid
macht mir das Auge weit,
trägt meine Gedanken,
schwebend
durch die Luft.
Was spür ich da?
Es ist dein Duft,
so süßlich
wunderbar.

Mein Herz schlägt mir
wie in einem Zirkuszelt,
dein Duft,
Viola,
odorata,
ist Liebesduft
für die ganze Welt.

Das zarte Violett und ihr Duft verführt dich, Liebe geht durch die Nase, Veilchenluft, es kündete mir die Geliebte schon an!

Primula veris (Schlüsselblume)

Primula,
du Weg zum Himmel,
veris
veritas,
so klingt deine Name auch,
bist Weg zur Wahrheit
durch Schall und Rauch.
Bist der Schlüssel zum Himmel
und doch einfach nur
die Primel.
Bist die Erste,
die den Frühling kündet,
wie die erste Liebe,
die uns im Himmel findet,
ich seh, dass du
die Schönheit bist,
die jedem Liebenden
gebührt,
bist jene,
die uns über das Schöne

zum Guten führt.
Primula,
du Schlüssel zum Heil,
veris
veritas,
du Weg zum Himmel,
bist so nah
bist und bleibst
meine geliebte
Primula.

Der Schlüssel zum Himmel, das Duftveilchen und das Buschwindröschen, diese drei Frühlingsboten und die ihnen innewohnende Energie nutzte ich um einen neuen Weg zur Liebe zu entdecken.

Fiole

Der edlen Blüten drei
sind drei Kräfte,
die ich hier befrei',
mit dem Dunst des Wassers
entweicht der Duft.
Er gehört der Seele,
was übrig bleibt,
tut gut, tut wohl
vergären wir zu Alkohol,
der dem Geist sich fügt
und uns niemals trügt,
den letzten Rest
macht uns das Feuer fest,
die Salze aus der Asche
geben wir in eine Tasche,
dem Körper nun
den letzten Teil,
er dient zu unserem inn'ren Heil.
Die drei Kräfte,
gewonnen aus der Pflanzen Säfte:
Asche, Öl und Alkohol
für Körper, Seele, Geist
füg' ich zusammen
in dir, du kleine Fiole,
das tut wohl,
wenn ich dich brauch'

und ich Euch hol'.
Es wächst der Weisheit Keim
mit einem Schluck!

Befreit euch nun
aus meiner Kehle!
Ihr Kräfte drei,
kehrt ein
in meinem Körper,
in meinem Geist,
in meiner Seele.

Aus den drei Frühlingsblüten bereitete ich eine Tinktur, die in der Sonne reifte. Ich nahm jeden Tag ein paar Tropfen und gab mir bestärkenden Worte dazu. Dass ich damit die Göttin herbeirufen würde, das ahnte ich noch nicht.

Pflanzenzauber

Eine Pflanze zu lieben
ist leicht,
denn sie duldet
alles an ihr.
Sie spiegelt deine Pflege,
verzeiht dir deine Fehler,
dein Unwissen,
auch wenn sie unter
deinen Händen verdirbt,
sie lebt im Stein,
sie lebt im Samen,
sie bleibt,
auch wenn sie stirbt.

Ein Tier zu lieben
fordert mehr
als nur schöne Worte.
Ein Tier hat Augen
so wie du,
hat Wärme,
einen Willen,
braucht seine Ruh'.

Einen Menschen
hingegen zu lieben
erfordert deine ganze Kraft.

Dein eig'nes Leben,

deinen Atem,

deine Wunden,

alles darfst du ihm geben,

hast du einen Menschen,

der dich liebt,

gefunden;

es gibt keinen größer'n Reichtum

auf dieser Welt

als eine Hand,

die deine hält.

Pflanzen halfen mir meine Gefühle zu entwickeln. Wenn du einer Pflanze begegnest, wenn du dich auf sie einlässt, kannst du plötzlich ihr Wesen erfühlen. Du spiegelst deine Gefühle in ihr. Schiller schreibt: „Willst du das Höchste? Die Pflanze kann es dich lehren! Was sie willenlos ist, sei du es wollend!"

Je mehr ich mich auf dieser Suche nach der Göttin in der Natur, in die Pflanzen einließ, umso mehr brach in mir eine tiefe Sehnsucht nach Liebe auf. Marina hatte es mir deutlich gemacht, in dem sie meine Hohlheit in der Liebe beim Namen nannte. Ein hartes Urteil, wer traut sich zugeben, dass er nicht mehr weiß, was wirklich Liebe ist.

Walpurgisnacht*

Feuer leuchten durch die Nacht,
verkünden uns den neuen Tag,
den der Sonnengott
der Blumengöttin dargebracht,
als er an ihrem Busen lag.
Der tollen Frauen
mächt'ger Tanz,
im liebestrunk'nen Kreischen
ergeben sie sich ganz
dem nächtlichen Erheischen.
Der Freier edle Körperkraft,
der Liebessehnsucht
stille Gier,
dürstend am Marmorleib
der weiße Stier,
der im fahlen Mondlicht
dem treuen Weib erscheint,
das umarmend ihren Liebsten
vor Entzückung
lacht und weint.

Teil 2

Was folgte

Die Walpurgisnacht beschreibt Goethe in seinem Faust gleich zweimal. Es ist dies die Nacht vor dem 1. Mai. Sie orientiert sich auch am Mond. In dieser Nacht tanzen die Göttinnen durch die dunkle Nacht. Die Fantasie von Frauen und Männern führen zu einer frivolen Liebessehnsucht im Zeichen der Natur. „Was treibt dich gelernten Buchhalter als armen Poeten hinaus in die Natur?", fragte mich die strahlende Göttin.

Ich erschrak.

„Fürchte dich nicht!", hörte ich sie sagen.

Ich hielt meine Hand vor die Augen. Das strahlende Weiß der Göttin, es blendete mich, ich wich zurück.
Ich sah, sie trägt einen goldenen Bogen. Es raschelte im Geäst, ein mächtiger Hirsch, ihr Begleiter, er huschte an mir vorbei.
„Du,bist es!", stammelte ich vor Verzückung gehemmt.
„Ja, ich bin es!", sagte die göttliche Gestalt.
Sie streifte ihren Köcher mit den Pfeilen von der Schulter.
Sie legte den Bogen zur Seite.

Ihr Licht wurde etwas schwächer, sie merkte, dass sie mich blendete.

Das goldene Haar kräuselte sich im zarten Wind, es fiel wallend über ihren weißen Nacken.

„Komm!", sagte die Göttin.

Sie zog mich zu sich. Ich fiel auf die Knie, ich wusste nicht, tat ich das aus Ehrfurcht oder aus Angst vor ihrer strahlenden Erscheinung. Solange hatte ich mich danach gesehnt. Jetzt saß mir der Schrecken in Mark und Bein. Ich atmete ihren Duft ein, der mich innerlich sichtlich erhellte, der mich aufsteigen ließ, in höhere Sphären, hinauf. Ein zarter Zauber von Lavendel und Hibiskusblüten stiegen mir in die Nase und ein leichter Schwindel erfüllte mich. Sie fasste mich mit ihren Händen an.

Langsam erhob ich mich, ich spürte ihre Brüste, ihre Brustknospen, sie bohrten sich durch das Hemd zart in meine Haut.

Sie nahm mich in ihren Arm. Ich fühlte mich so unsagbar angenommen von jener göttlichen Kraft, dass ich das Gefühl hatte nach dem ersten Aufstieg wieder zu fallen. Jedoch sie, die Göttin, sie fing mich auf, hielt mich fest, mich armen Poeten hielt sie fest, ganz fest, wie sie es sagte. Da spürte ich ihre Lippen auf meinen und ein unbeschreibliches Gefühl von Wärme, Kraft und Wohlwollen erfüllte mich. Ich hatte das Gefühlt ihre sanfte Berührung verwandelte meinen Körper in reinstes Gold.

Ihre Lippen netzten die meinen, mir wurde ganz anders, ich fühlte mich in eine andere Welt, in eine andere Zeit einzutauchen; und ich taumelte.

„Wohin falle ich?", dachte ich mir.

Es ist als würde ich mit der Sonne verschmelzen, sie drohte mich förmlich zu verbrennen. Ich fürchte mich davor, ich könnte dabei sterben.

Erschlafft und kraftlos fiel ich auf den Boden.

Die Göttin, sie blickte mich liebevoll an, und sie lächelte.

„Keine Angst, du armer Poet, ich will dir ein neues Leben schenken, ich will nicht deinen Tod!", sagte sie mit sanfter Stimme.

Daraufhin geschah mit mir etwas ganz Eigenartiges. Ich erlebte mich von innen, aber gleichzeitig konnte ich die Begegnung mit der Göttin von oben, von unten, von allen Seiten als ein außer mir Existierender beobachten und erleben.

Die weiße Göttin war wunderschön, ihr dunkles wallendes Haar, ihre dunklen Augen, ihre weiche, sanfte, weiße Haut, ach wie schön war sie anzusehen. Ihr Körper war so anmutig, zart, umhüllt vom Schleier ihres weißen Kleides. Sie stand da und ihr Blick traf mein dunkles Gesicht im Schatten der Nacht. Ich merkte noch, ich hielt ja mein Buch noch in der Hand und hüllte mich ängstlich in meinen schwarzen Mantel, als wäre ich ein alchemistischer Adept. Was verhüllte ich denn da in meinen Mantel? Meine dunkle Vergangenheit? Meine Bösartigkeit, meine Ignoranz, meine Gemeinheiten, meinen Egoismus, meine Konzentration auf etwas scheinbar Wissenschaftliches? Dabei könnte jemand neben mir, ein Mensch, sterben, und ich würde es nicht merken, es käme in mir keine Gefühlsregung, kein Mitleid auf.

Die weiße Göttin sagte: „Leg ab, ich will dich nackt!" Ich streifte meinen schwarzen Mantel ab und stand vor ihr, nackt! Ich legte mein Buch zur Seite und blickte sie an, sie, die weiße Göttin. Sie trat erneut zu mir heran, sie küsste mich gezielt auf meinen Mund, sie fuhr mit ihrer Hand über mein Gesicht, meinen Hals, die Brust. "Auf die Knie!", sagte die weiße Göttin und ich sank abermals zu Boden ohne ihren Blick in meine Augen abzuwenden zu können. "Leg dich hin!", sagte sie bestimmt. Und ich legte mich auf den Rücken in die derben Falten meines dunklen Mantels. Die Göttin stand über mir, sie machte eine kurze Bewegung mit der Hand, da fiel ihr weißes, schleierhaftes Kleid zu Boden. Nackt stand auch sie nun da, anmutig schön, wie von einem silbrig goldenen Glanz übertüncht, strahlte sie in der Nacht, wie der leuchtende Mond. Ich sah ihre Brüste, ihren Hals, ihren in der Dunkelheit auszumachenden Körper. Sie sank auf mich nieder wie der weiße Nebelschleier von Dunst und Wasserdampf auf die grünen Wälder, auf die Berge, Wiesen und Fluren, draußen in der Natur, sie holte sich, was sie sich wünschte, sie umarmte mich und ich sie, im wogenden Rhythmus der Körper, im Klang der Musik der Natur, im Wellenschlag des Meeres, umringt von den Kräften der Bäume liebten wir uns, gemeinsam stiegen wir den siebenstufigen Pfad höchster Empfindungen empor, gipfelnd in einem Überschwang schäumender Entladungen und Empfindungen - verzaubert und ermattet sanken wir zurück an unseren Ausgangspunkt, alles ebnete sich ein, wie der Flug einer Möwe über dem rauschenden Meer. Sanft schliefen wir nun und ohne Traurigkeit lag ich da und träumte.

Da entzündete der Boden von sich aus ein Feuer. Die Flammen loderten rings um uns Schlafende hoch und das fackelnde Aufwallen züngelnder Flammen ergriff den Körper der Göttin und auch meinen, die Flammen fraßen sich tief in unsere Körper hinein und stumm wie eine leere Hülle fielen wir in sich zusammen, da flammte die Feuersbrunst erneut auf, unsere Körper und Seelen zeichneten Schatten und Silhouetten in den Himmel, der aufsteigende Rauch, eine Mischung aus weißen und schwarzen Wolken, verpuffte allmählich im Himmel, das Feuer erstarb und eine weiße Asche bedeckte den Boden. Ein sanfter Windstoß ergriff die Asche und blies sie in das rötliche Licht der nahenden Morgensonne, die das Ende dieser einzigartigen Walpurgisnacht andeutete.

Der Tag erwachte und ich fand mich schlafend auf meinem Schreibtisch gebeugt wieder. Auf dem Schreibtisch lag mein Notizbuch. Ich sah, irgendwer hatte ein Gedicht hineingeschrieben. Es war nicht meine Schrift. Das erste Gedicht stammte wohl von der Göttin, ich nannte es später „Schlussakkord". Ich hatte das Gefühl mein Herz war von einer unsagbaren Liebe getroffen worden. Es tropfte Blut aus meinem Herzen. Das Blut, es brannte wie ein Feuer; es war kein Sehnen nach ihr, der Göttin,mehr; nein, es war das lebensfrohe Sehnen nach einem sterblichen Wesen, nach einem Mädchen, einer Frau aus echtem Fleisch und Blut.

Der Schlussakkord

Ich wart' auf dich.
Ich weiß nicht,
wann du kommst.
Warten
heißt verweilen
und hoffen
du wirst
eilen,
um bei mir
einzukehr'n.
Warten.
Mein Gott,
ich wart' so gern.

Meine Hand
in deiner Hand

Vergissmeinnicht,
Vergiss mich nicht.

Ich halt' dich fest
mit meiner Hand,
mit meinem Licht.
Ich halt dich fest
mit einem Gedicht.
Ich lass dich los,
schon schwebst du frei!

Im freien Flügelschlag
sich zu finden
ist die schönste Art
sich zu binden.

Du

Komm'
Liebster,
komm
auf mein Gemach,
beende all die Nöte.
Bist's du,
Aurora*,
Morgenröte?
Zünd' an
das Licht in mir,
indem ich mein Herz
an deinem Herzen
spür',
seh' ich im hellen Schein
deine Liebe,
sie könnt' des Schöpfers
Antlitz sein.

Lass mich dir das Leben schenken

Rosenblüten
zaubern
ein hoffnungsfrohes
Fragen
in deine Augen.
Würdest du
dein Leben für meines geben?
Ich sterbe
für dich,
die Rosenblüte
zeigt Güte,
nicht an den Tod
will ich denken,
lass mich dir
das Leben schenken!

Mit dir sein I

Umarm' mich,
Liebste!
Die Rosenblüten
deiner Lippen
laden mich ein
in zärtlicher Umarmung
mit dir zu sein.

Mit dir sein II

Umarm' mich,
Liebster,
sagtst du,
an deiner Brust
verlischt
deines Fernseins
Schmerz.

In deinen Armen
geb' ich mich hin.

Dein Dasein
wärmt
mein Herz,

so ich lieb',
so ich bin.

Teil 3

wohin es führte

Ich stand am Fenster und blickte sehnsuchtsvoll hinaus in die dunkle Nacht. Der Mond versteckte sich hinter einer Wolke, von der Göttin war keine Spur. Du wirst dir denken, was soll das, wie konnte ich, ein Sterblicher, eine Göttin lieben? Das konnte ja nur ein Verrückter oder ein armer Poet sein! Das wirst du dir wohl denken.

Doch diese Geschichte war nur der Anfang von seltsamen Ereignissen, von denen das Seltsamste bald nach dem Erscheinen der Göttin folgte.

Ich wusste es doch von Ranke-Graves, wenn mich die Göttin liebt, dann wird sie mir ein williges Mädchen auf mein Lager schicken, durch welches ich sie, die Göttin, lieben darf.

Eines Tages betrat die Göttin unangemeldet wie Göttinnen eben sind, mein Zimmer und erfüllte es mit einem mächtigen Schein. Sie erschien mir nur als eine Lichtgestalt, ihre Gesichtszüge waren nicht zu erkennen.

„Du sehnst dich nach einem sterblichen Wesen, durch das du mich lieben willst - stimmt das?", hörte ich ihre Stimme sagen.

„Nun, ja...", ich wollte in meiner Verlegenheit etwas

sagen, doch sie ließ mich nicht mehr zu Wort kommen.

„Hab Geduld, noch bist du dieser Liebe nicht würdig!", sagte sie und sie verschwand so plötzlich wie sie gekommen war.

Ich stand zuerst ratlos da. Was mochte das bedeuten? Als ich mich aber umsah, merkte ich, die Göttin, sie hatte etwas zurückgelassen.

Ein Bild.

Das Bildnis einer hübschen jungen Frau lag auf meinem Schreibtisch. Es zeigte mir diese junge Frau.

Sie hatte liebevolle dunkle Augen und dunkle Haare, eine Haut so schön, wie die Morgenröte selbst.

Wer war diese Frau?

Ich wusste es nicht. Ich betrachtete das Bild. Ich sah das Bildnis dieser Frau an und ein Strom von Liebe fing an in meiner Brust zu quellen. Es war als würden all die Frühlingsblüten, von denen ich dichtete, aus einer unsichtbaren Quelle in mir zum Himmel hinauf schweben. Ich verliebte mich in dieses Bild, wie Tamino in Mozarts Zauberflöte in das Bild von Pamina. Dies Bildnis ist bezaubernd schön...so etwas hab ich noch nie gesehen... ich hörte wie diese Melodie in mir erklang...

Je länger ich das Bild betrachtete umso seltsamer wurde es mir, denn ich merkte plötzlich eine unglaubliche Veränderung. Ich merkte wie sich das Gesicht der Frau auf dem Bild veränderte. Ihr Gesicht schwoll etwas an, wurde etwas männlicher, gleichzeitig merkte ich wie meine Wangen, die sich meist warm anfühlten, abkühlten. Die Haare der Frau auf dem Bild wurden kürzer und lockiger, sie färbten sich ins Blond, während ich das Gefühl hatte, meine Haare fingen an zu wachsen; auch mein Brustkorb wurde mir plötzlich enger und enger, mein Körper er begann sich zu verformen. Du wirst es nicht glauben, mein Bauch wurde kleiner und kleiner, jedoch wuchsen mir Brüste, ich hielt sie augenblicklich genussvoll in meinen Händen. Ja auch die Stimme wurde heller und mit besonderer Aufmerksamkeit spürte ich wie sich meine männlichsten Teile irgendwie verkleinerten und sich nach innen zogen, um dort einen Hohlraum zu bilden... nicht denkbar, aber ich fand mich in einem Frauenkörper wieder. Ich rannte zum Spiegel, tatsächlich! Ich war die Frau auf dem Bild geworden und auf dem Bild, war der arme Poet, der sich Frederik Amadeé nannte, zu sehen. Jetzt hätte ich entsetzt sein können! Oh Nein! Ich war es aber nicht. Ich fühlte mich gleich wohl wie in dem Männerkörper, der mich die ganze Zeit durch die Welt getragen hatte; im Gegenteil, es gefiel mir sogar sehr, denn ich war wirklich eine hübsche Gestalt.

So auszusehen, davon würde wohl so manches Mädchen träumen. „Aber was werde ich nun machen?", fragte ich mich. Die Kleider, die ich als Frederik Amadeé trug, sie hingen viel zu groß an mir herunter. Ich zog sie aus und ging ich ins Badezimmer. Ich duschte mich. Dabei genoss ich meinen neuen Frauenkörper. Ich machte mich frisch, frisierte meine lang gewachsenen dunklen Haare. Aber was sollte ich nun anziehen? Ich konnte doch nicht in Männerkleidung herumlaufen!

Zum Glück lagen Marinas Kleider noch im Schrank. Ein Selbstgespräch führte ich, während ich Marinas Kleider hervorkramte, um diese anzuziehen: „Marina, mein griechisches Mädchen, was würdest du wohl sagen, wenn du mich so sehen würdest? - Nichts würde ich sagen! Ich würde dich nicht erkennen! Woher sollte ich erkennen, dass in dir der armselige Buchhalter steckt, der mich immer so schüchtern und unheldenhaft angestarrt hatte!"

Schnell schlüpfte ich mit meinen neuen schlanken Beinen in Marinas Slip. Ein tolles Gefühl, da unten so völlig frei zu sein, so richtig unmännlich.

Langsam rollte ich die Seidenstrumpfhose von Marina über mein linkes Bein hoch und stellte mir vor wie mich ein Mann dabei betrachten würde. Dann rollte ich Marina's Strumpfhose über mein rechtes Bein und zog sie oben bis zur Taille hoch. Dann strich ich über meine frisch gebackenen Brüste, ein schöner wohlgeformter Busen wölbte sich mir hervor, natürlich gewachsen wie

Früchte, geschaffen zum Genuss, ganz ohne Silikon. Ich legte mir Marinas Büstenhalter um, was sehr kompliziert war, da kein Mann in der Nähe war, der ihn mir zumachen hätte können. Ich sprang schnell in ihre Jeans, ihre Bluse noch und eine kleine Halskette, die ich selbst Marina geschenkt hatte, ich legte sie mir um den zarten Hals. Dann setzte ich mich vor den Spiegel, ein bisschen Wimperntusche, Lidschatten und Rouge, die Utensilien dafür, sie lagen noch immer von Marina hier herum.

„Meine Göttin!", sagte ich zu mir: „Ich sehe verdammt gut aus. Erstmals in meinem Leben sah ich verdammt gut aus!"

Der Tag war schon gewonnen.

Plötzlich klopfte es an der Tür. Wer mochte das sein?
Vielleicht der Briefträger. „Der wird Augen machen!"
Ich öffnete die Tür.
Wer stand da vor der Tür? Oh Nein, Marina! Sie war zurückgekehrt? Warum?
Marina wollte wohl ihre Sachen holen.
Wie sie mich in ihren eigenen Kleidern so vor sich sah, ich konnte ein wahrhaftiges Entsetzen in ihren Augen lesen.
„Marina! Ich kann das erklären!", stammelte ich.
Entsetzt und wirklich verstört zugleich drehte sie sich um und suchte das Weite. Von der Unwirklichkeit der Szene

fasziniert, schaute ich ihr nach, lange, bis ich sie nicht mehr sehen konnte. Dass ich ihre Kleider trug, hatte sie gar nicht angesprochen. Sie dachte wohl: „Eine Frau in der Wohnung ihres langweiligen Buchhalters! Was hat das zu bedeuten? Und diese Frau spricht sie auch noch mit ihrem Namen an! Das ist zu viel!"

Während ich zuerst ein unangenehmes Gefühl wegen Marina hatte, fühlte ich bald ein Art Genugtuung! Hatte mich Marinas Verschwinden in meiner Eitelkeit doch so getroffen, dass ich mich nun freute? Ich wollte einfach nicht mehr daran denken.

Ich war nun ein neuer Mensch.
Ich war eine Frau geworden.

Unglaublich. Ich fühlte mich zwar irritiert, aber dennoch ziemlich wohl. Die weiße Göttin, sie hatte mich verzaubert. Das Einzige, was blieb, war ein Gefühl von einer unstillbaren Sehnsucht. Ich sehnte mich nach wie vor nach Liebe! Aber nicht mehr nach der Liebe zu einer Frau, nein, nun brannte mein Herz plötzlich nach der Liebe zu einem Mann, zu einem richtigen Mann, einem Mann aus echtem Fleisch und Blut mit kräftigen Muskeln und einem knackigen Po!

Und schreiben?
Ja, schreiben, das wollte ich als Frau auch noch, und ich schrieb:

Jenseits von Gott und Göttin...

Himmelsschlüssel,
Tausendgrün.
Ich suchte dich,
folgte der Göttin Spur.
Eichenlaub,
Wiesenstaub.
Ich fand dich
in der geheimnisvollen Natur.
Vom Himmel fern
fiel mir die Mondin
und der Sonnenstern
in meinen inn'ren Teich.
Das Geschenk der Göttin,
es macht mich reich.
Weidentraum,
Holunderbaum.
Sonne, Mond
in mir vereint
und ein Herz,
das vor Sehnsucht weint.
Eberesch'
und Weißdornstrauch.
Es ist der weißen Göttin Brauch:
In dunkler Nacht
den Liebenden dargebracht,
reift ihre Liebeskraft

bis zur Morgenröte,
die in uns das Höchste schafft;
Rosenglanz,
Sonnentanz.

Jenseits von Gott und Göttin
öffnet sich
die letzte Tür,
die mir und dir noch bliebe,
dort bist du,
die höchste Form:
die reinste Liebe.

So find'st du
endlich Ruhe,
geh' hin,
was du fühlst,
das tue!

Im Gespräch mit der Göttin ergab sich ein sehr einfaches und wirkungsvolles Gebet für die Menschen, es sieht so aus, wie ich es hier dargestellt habe.

Es handelt sich dabei um das Gesetz, das die Natur in unsere Seele einbettet. Wir sind die Luft, die wir atmen, Wasser, das wir trinken, Sonne, von der wir uns nähren und wir werden wieder zu diesen Elementen, im Schoß von Mutter Erde und in der Geborgenheit von Vater Himmel. *Jedes Leben darf seinen Weg gehen, das Seiende ist die Vorstufe für das Ewige, denn das Seiende ist das Ewige.* (Spruch der Göttin)

Seit Milliarden von Jahren kreist die Erde um die Sonne.^(22.12.) Die keltischen Andeutungen in meinem Suchen ergaben sich aus der Vegetation in England, Frankreich und auch bei uns. Das viele Grün, die typischen Bäume und die Vegetation bei uns erklären die alten Mythen von selbst, sie lassen sich erfühlen. So spricht die Natur an jedem Ort, in jedem Tal, auf jedem Berg eine andere Sprache. Der Mensch als Teil der Erde öffnet sich im Laufe des Lebens dieser Sprache. Mit jeder Umkreisung der Sonne, die wir hier auf der Erde erleben, haben wir die Chance uns in die ewigen Mythen hinein zu fühlen. Jahr für Jahr, Jahresring um Jahresring wandeln wir und nähern uns unserer letzten Verwandlung. Während die Stimmen, Geschichten, Mythen und Äußerungen der Natur als Wechselwirkung von Klima, Boden und Gestein immer

Das Gebet der Göttin
für die modernen Menschen

Wintersonnenwende (22.12.)

Brigid's Day (1.2.)

Morta, Morrigan (1.11)

Herbstbeginn (23.9.)

4 Sonnenfeste
4 Mondfeste im
Jahreskreis

Frühlingsbeginn (21.3.)

Diana's Fest (13.-15.8)

Walburigsnacht (30.4.)

Sommersonnenwende (21.6.)

etwas anderes erzählen, ist der kosmische Rhythmus von Sonne und Mond im Jahreskreis eine Ordnung, die sich immer wieder, Jahr für Jahr, mit nur geringen Abweichungen wiederholt. Sich diesem Rhythmus hinzugeben, in dem was wir tun, wie wir lieben und leben, ist mein Lebenselixier geworden.

Ich begann diese Reise als der Buchhalter der Liebe, der ich war. Das Mädchen, das ich liebte, liebte mich nicht. Sie verließ mich. Ich verwandelte mich in den Poeten Frederik Amadeé. Ich wollte in dieser Rolle das Geheimnis der weißen Göttin ergründen. Ihr Kuss, der Kuss der Mondgöttin, überwältigte mich und erfüllte mich mit einem Sehnen nach der Liebe eines Mädchens aus Fleisch und Blut. Anstatt meine Sehnsucht nach der Liebe zu einer Sterblichen zu erfüllen, verwandelte mich die Göttin in eine junge Frau. Mit ihrer Sehnsucht nach Liebe wird diese Frau nach Frankreich reisen. Genau genommen nach Paris. Dort wird sie einem Mann begegnen. Was er ihr lehrt und wie sie sich durch ihn verwandeln wird, steht noch immer in den Sternen und beweist die Tatsache, dass wenn der Poet ein Werk vollendet geglaubt zu haben, Du sicher sein kannst, das Ende ist der Beginn eines neuen Werkes. Denn Schreiben ist des Poeten Lebensstrom, der erst damit endet, wenn ihm die Feder aus der Hand gleitet, für immer.

Anhang:

Avalon ist in der keltischen Mythologie das Reich der Seher und Druiden, die andere Welt, das Jenseits, das ins Diesseits wirkt.

An(n)ona ist die keltische Göttin, die gemeinsam mit Lug, dem Sonnengott, den Herbst regiert.

Arillus ist die rote Frucht der Eibe. Alles an der Eibe ist giftig, auch der Samen, nur die Arillus nicht.

Aurora ist die Göttin der Morgenröte.

Bärengöttin ist die keltische Göttin Brigith, die mit dem Bären lebt und den Frühling verkörpert.

Belenos ist der keltische Sonnengott, der mit Belisama den Sommer beherrscht.

Belisama ist Belenos Gefährtin.

Brigith, Brigid, ist eine irisch-schottische Sagengestalt, die auf eine keltische Göttin des Lichtes zurückgeht, ihr Tag ist der 2. Februar, das die Christen als Lichtmess feiern (siehe auch Bärengöttin)

Cernunnus ist der Name für den „Gehörnten", den keltischen Gott des Waldes und der Jagd. Er entspricht dem griechischen Gott Pan.

Diana ist die römische Entsprechung der griechischen Göttin Artemis, die Göttin der Jagd, aber auch die Mondgöttin; sie ist anmutig und keusch, Beschützerin des Waldes, der Tiere, sie trägt einen goldenen Bogen und ist ein Abbild der „weißen Göttin".

Eros ist der griechische Gott der begehrlichen Liebe, die Römer nannten ihn Amor, der mit seinen Liebespfeilen die Liebesglut der Paare entfacht.

grüner Mann ist ein Vegetationsgott.

Hag ist eine Dornenhecke, die als Schutzgürtel für Siedlungen diente.

Heiliger Hain ist ein Kraftort bei den Kelten, meist eine Waldlichtung, die von heiligen Bäumen umgeben ist.

Liebe kommt vom indogermanischen Wort „leubh - gern, lieb haben, begehren" und bezeichnet stärkste Zuneigung und Wertschätzung zu einem Menschen; ein Gefühl, das sich mit einer Haltung von inniger und tiefer Verbundenheit zum Anderen ausdrückt und den gewöhnlichen Zweck einer zwischenmenschlichen Beziehung weit übersteigt sowie sich in einer entgegenkommenden tätigen Zuwendung zum Anderen ausdrückt.

Lug ist der Gefährte der Annona, regiert mit seiner Lichtkrone den Herbst.

Marcellus - gemeint ist Marcellus Empiricus, römischer Schriftsteller, der um das 4./5. Jahrhundert lebte; er verfasste das Buch „de medicamentis" – eine Sammlung von naturkundlich keltisch geprägtem Heilwissen: Am Ende seines Werkes stehen 78 Hexameter, die eine besondere Weisheit enthalten.

Morrigan ist die Todesgöttin. Sie ist die schwarze Gottheit, die ins Reich des Todes und der Ahnen führt. Sie herrscht von Samain (1.11. ist der Beginn des keltischen Jahres) bis Lichtmess.

Morta ist die lateinische Todesgöttin.

Nelferch ist eine Schönheit aus der Anderswelt, die sich mit einem Sterblichen vermählte. Sie weinte bei einer Hochzeit und lachte bei einer Beerdigung, was verdeutlicht, das sie eine Andersweltliche ist. Sie unterrichtete ihre Söhne in der Kräuterheilkunde.

Nymphe ist ein weiblicher Naturgeist. Bei ihrem Tod verwandelt sie sich in eine Quelle oder einen Baum, je nachdem, ob sie eine Quell- oder Baumnymphe war.

Samain ist der keltische Totengott, sein Reich beginnt am 1.11. mit dem keltischen Jahr. Er regiert mit der schwazen **Göttin Morrigan.**

Das Sonnenkind wird zur Mittwintersonnenwende geboren und symbolisiert das aufstrebende Jahr. Die Geburt Christi kurz nach der Mittwintersonnenwende als Weihnachtsfest orientiert sich an dieser Symbolik.

Sylphe ist ein seelenloser Naturgeist des Elementes Luft.

Walpurgisnacht geht auf ein keltisches Mondfest zurück und ist heute mit dem 30. April festgelegt; sie steht mit den Maibräuchen in Verbindung und leitet den Fruchtbarkeitsmonat Mai ein.

Weiße Göttin - Der Begriff wurde von Robert von Ranke-Graves geprägt; sie steht für die dreigestaltige weibliche Gottheit, die von den Dichtern verehrt wird (siehe das Buch von Ranke-Graves „Die weiße Göttin – Sprache des Mythos", Erstausgabe 1948)

Wonach ich mich sehne

Derzeit
bestimmen das Handy,
der Computer,
die Elektronik des Alltags
unseren Rhythmus.
Was für eine Schande!

Ich warte auf jene Zeit,
in der wir all unser Wissen
dazu verwenden werden,
um die ewigen Rhythmen des Lebens
im Gleichklang mit dem Kosmos
leben zu können.
Was für eine Gnade!

Mit der Sonne aufstehen
und schlafen gehen,
mit dem Mond träumen,
und lieben
mit einem reinen Herzen,
das aus der Natur
neu geboren wurde!
Was für ein Wunder!
Ein Wunder,
wonach ich mich sehne.

(Frederik Amadeé)

Anmerkung zum Text

Dieses Werk nahm seinen Anfang mit dem Gedicht *„Die Liebe lebt weiter im Eichenbaum",* welches Om Berto im Oktober 2007 verfasste. In jener Zeit wandte er sich intensiv der Natur zu. Das Buch *The White Goddess* von Robert Graves war ihm dabei eine bedeutende Inspirationsquelle. Es ermutigte ihn, hinauszugehen, die Natur zu erspüren, seine Gedanken in sie zu projizieren und durch Poesie das Wirken der Naturkräfte als Spiegel seines innersten Empfindens zu erkunden. Es war eine Suche – eine Suche nach der *„Sprache der Göttin",* nach einer Metapher für das poetische Streben nach dem Verborgenen.

Nach Jacques Lacan, dem großen Psychoanalytiker und Wiederbeleber der Freud'schen Lehre, wäre dies das „Objekt a" – jenes unstillbare Begehren, jener Mangel, den das Subjekt umkreist und den es doch niemals ganz erfassen und stillen kann. Denn die letzte Stufe von Selbsterkenntnis ist die Akzeptanz des Realen – jenes Dunkel, das uns ewig fremd bleibt.

Bis zur Erstveröffentlichung des Werks im Jahr 2012 entwickelte Umberto eine Rahmenhandlung um die Figur der Marina, die den armen Poeten verlässt – jenen Mann, der sich auf die Suche nach der „weißen Göttin" begibt. Diese steht als Symbol für das Unbewusste, das in seiner Erscheinung seltsame Verwandlungen in ihm auslöste.

Besonders bedeutsam ist das Gedicht *„Die Liebe lebt weiter im Eichenbaum",* in dem sich eine stille Ohnmacht ausdrückt. Om Bertos Ohnmacht im Angesicht des wirklichen Lebens, ausgedrückt in den Zeilen, dass

„mann mit Dichterworten nicht gut kämpfen kann" "
und „… ich, den die Göttin trägt, weiß nicht, wohin mich
des Ozeans Welle schlägt." In diesen Versen spricht der
„arme Poet", ein Mann mit einer „weibliche Seele" –
sensibel, durchlässig, empfindsam – der sich den Härten
der Welt, besonders der männlich dominierten, oft nicht
gewachsen fühlte.
Und doch erschuf er in seiner Fantasie eine eigene
Wirklichkeit – eine Welt, in der er das Wertvollste fand:
die Liebe. Mehr noch, er entdeckte in sich selbst die
Fähigkeit, wahrhaft zu lieben – eine Fähigkeit, die ihn
von der liebesfernen Außenwelt unterschied. So rettete
er seine „zarte, kindliche" Seele – als Mann, der fähig
blieb zu lieben. Nicht er war es, der „falsch tickte", sondern
die Welt, die ohne Liebe zu sein schien.

Eine eigentümliche poetische Reifung vollzog sich im
Oktober 2011. Om Berto begegnete jener Göttin – nicht
mehr nur in der Vorstellung, sondern im wirklichen
Leben. Es traf ihn wie ein Blitz: Undine. Er sah sie – und
war verloren. Die Liebe fuhr durch ihn wie ein zündender
elektrisierender Strom. Auch Undine spürte ihn. Es
war, als spräche diese Liebe direkt aus seinem Körper,
unaufhaltsam, wie eine unheilbare, aber wunderschöne
Krankheit. Jahre vergingen in einer traumgleichen
Wirklichkeit.

Irgendwann aber traf Om Berto eine Philosophin – oder
vielmehr: eine Lacan'sche Psychoanalytikerin. Sascha
Sophia. Sie berührte seine geistige Seite, öffnete ihm ein
Tor zum Verstehen: Was ist Liebe? Wie bindet sie den
Trieb? Während er Undine im Körper liebte, war die
Begegnung mit Sascha Sophia rein geistiger Natur. Sie
lehrte ihn, was es heißt, Liebe im Körper zu spüren – mit
dem ganzen Wesen, bis in die Tiefe des Seins.

So lebte er über lange Zeit hinweg mit drei Frauen – in drei parallelen Universen: Amalie, die treue Ehefrau; Undine, die Geliebte; und Sascha Sophia, die geistige Gefährtin. Eine schenkte ihm ihren Körper, eine ihre Seele, die dritte einen unsagbar kostbaren Austausch im Geiste.

Allerdings traten zwei Dämonen in seinem äußeren Leben auf: Im Beruf begegnete er einem Vorgesetzten wie ein Stierkämpfer. Ein Mann, der wusste, was „Kastration" bedeutet, stark, unnachgiebig. Zuhause erkannte Amalie seine Träumerei. Auch dort wurde das Leben zum Stierkampf, dem seine zartbesaitete Seele nichts entgegenzusetzen wusste. Bei Lacan las er, dass das „Genießen" der Frau symbolisch in der Kastration des Mannes liege – nicht körperlich, sondern unbewusst, im Symbolischen.

Im Jahr 2023, seinem sechzigsten Lebensjahr, fiel ein Schleier der Müdigkeit über ihn. Er wurde schwächer und schwächer, und wusste nicht warum – bis er am 30. Todestag seiner Mutter erfuhr: Er hatte Krebs. Unbewusst hatte er sich sein ganzes Leben vor dem Jahr 23 gefürchtet. 23 war seine Schicksalszahl, ohne dass er ahnte warum. Die Liebe, die Triebe, das Innere und Äußere – alles wurde verwandelt. Nach seiner Operation sagte er selbst, er sei „von seinem männlichen Trieb befreit" worden. Und ja – er fühlte sich tatsächlich befreit. Eine neue Art von Sexualität wuchs in seinem Körper – still, jenseits des Triebes. Die Göttin hatte ihn verwandelt – nicht in eine Frau, aber immerhin in einen Menschen, dessen Liebe nicht mehr an ein körperliches Begehren gebunden war. Damit schloss sich der Kreis des Lebens, den Goethe einmal so schön bezeichnete: *„Alles Irdische wird zum Gleichnis."* So wurde die Geschichte von dem Poeten und der Göttin zu einem Gleichnis, das Jahrzehnte später als Methapher für sein Schicksal Bedeutung erlangte, das sich erfüllte und ihn weder traurig noch unglücklich stimmte. Im Gegenteil, es erlöste ihn von etwas, das ihn daran gehindert hatte, sich der wahren Liebe zu nähern.

Die psychoanalytische Theorie beschreibt: *Die Liebe bindet den Trieb*. Und genau so erging es ihm mit seiner Liebe zu Undine – eine Liebe, hineingezogen in die Untiefen ihrer Seele, die den Trieb, das Körperliche völlig ins Bedeutungslose verdrängte. Das Bild, das sie durch ihr Sein in seiner Fantasie auslöste, verschmolz immer deutlicher mit dem Bild der weißen Göttin, die Ranke-Graves als eine liebliche schlanke Frau mit todbleichem Gesicht und elsbeerroten Lippen beschrieb. Es gab wirklich ein Bild, das Undine von sich selbst machen ließ, das genau so aussah. *„Alles, was mich an sie erinnert, durchbohrt mich wie ein Speer"*, so schrieb Robert Ranke-Graves über sie, die weiße Göttin, die Muse der Poeten, und er spürte den Stich tief in ihm selbst, als er das Bild von Undine sah und an die weiße Göttin dachte. Ein Schauder lief ihm den Buckel hinunter. Wie konnte so etwas nur möglich sein?

Allmählich entwand sich Om Berto nach und nach diesen drei weiblichen Gestalten – jenen mythischen Figuren, die über ein Jahrzehnt lang sein Innenleben, seine Poesie und seine Seele getragen hatten.

Er fühlte sich frei – wäre da nicht Angelina gewesen: jung, hochgewachsen, schlank, eine Germanistin mit ausdrucksstarken Gesichtszügen und unglaublich schönen Lippen, sowie dunklen funkelnden Augen, aus denen der weibliche Hunger nach einem Mann sprach. Sie berührte seinen Arm – und aus ihren Augen sprach ein Mitgefühl, das ihn verzauberte. Genauso unvergessen war der Duft ihres Parfums, das ihn schwindlig werden ließ vor Entzückung, von dem sie sagte, dass dieser Duft ihr Geheimnis bleiben wird. Mit ihr reiste er nach Hawaii. Dort verliebte sich Angelina in einen jungen, vor Körperkraft strotzenden Hawaiianer. Sie wurden ein Paar und bald bekam sie ein Kind von ihm. Om Berto aber verwandelte sich – glücklich, zufrieden – in einen Regenbogen.

Dieses Buch ist ein Zeugnis. Ein Zeugnis einer unsagbar abgrundtiefen, im Körper lebendigen Liebe, die das Höchste sein dürfte, das man im Leben erleben kann und die das Leben so unendlich lebenswert macht.

Om Berto
Grado, 25.5.2025

www.philosophy4you.at
(Ideenwerkstatt Verlag)